D1724547

I mag eifach nid!

Hardy Hemmi

I mag eifach nid!

*Ziemlich lustige Geschichten aus
dem fast ganz normalen Leben des
Comedian Rolf Schmid*

WÖRTERSEH

*Wörterseh wird vom Bundesamt für Kultur
für die Jahre 2021 bis 2024 unterstützt.*

Lektorat: Andrea Leuthold
Korrektorat: Brigitte Matern
Umschlaggestaltung: Thomas Jarzina
Foto Umschlag: Dolores Rupa
Layout, Satz und Herstellung: Beate Simson
Druck und Bindung: CPI Books GmbH

Print ISBN 978-3-03763-147-8
E-Book ISBN 978-3-03763-839-2

www.woerterseh.ch

»Das Leben wird erst kompliziert, wenn man zu viel darüber nachdenkt.«

Rolf Schmid

Inhalt

Showbusiness Gelungene Begegnungen

Auf der Bühne Abverreckte Vorstellungen

Ein Vorwort

Wer liest schon das Vorwort, wenn der Buchtitel lustige Geschichten verspricht! Wahrscheinlich kaum jemand. Das finde ich ausgezeichnet, dann brauche ich mir als Autor nämlich nicht übertrieben viel Mühe zu geben. Aber ein paar Seiten will Gabriella, die Verlegerin, natürlich trotzdem. Es gibt keine Alternative. Also für mich.

Sie hingegen haben jetzt zwei Möglichkeiten: Entweder Sie überblättern diesen Text, landen punktgenau bei der ersten Geschichte und sind nach ein paar Zeilen bereits am Schmunzeln. Dafür haben Sie dieses Buch ja schliesslich gekauft. Oder aber Sie ackern sich jetzt mit mir zusammen durch diesen Prolog und sind am Ende dann etwas ratlos, weil Sie von einem so umfangreichen Vorwort doch etwas Gehaltvolleres erwartet haben als das da hier. Und ich weiss, wovon ich spreche und was kommt – ich habs ja geschrieben. Jetzt wäre also ein idealer Zeitpunkt, um sich auszuklinken und zur ersten Geschichte zu springen respektive zu blättern.

Dann halt nicht. Beginnen wir also mit den Personen. Mit Rolf und mit mir. Ich kenne Rolf schon uhuaralang. Über fünfundzwanzig Jahre. Ich würde sagen, das ist mehr als genug. Und zwar in jeder Beziehung. Und wie so oft ist das Problem der Altersunterschied. Das ist auch bei uns nicht anders. Rolf ist dreizehn Tage älter als ich, befindet sich also in einer ganz anderen Lebensphase. Für mich oft eine echte Herausforderung. Für ihn genauso. Trotzdem haben wir es geschafft all die Jahre. Wir haben uns zusammen tausende Sprüche ausgedacht, hunderte Nummern geschrieben und zehn Comedy-Programme auf die Bühne gebracht.

Natürlich haben wir nicht nur gearbeitet die ganze Zeit. Wir haben in diesem Vierteljahrhundert auch einige Pizzas gegessen, ein paar Biere getrunken und ein paar Flaschen Rotwein geleert. Dabei hat mir Rolf immer wieder mal die eine oder andere Episode aus seinem teilweise recht turbulenten Leben erzählt. Ja, er hat wirklich einiges erlebt. Das haben andere natürlich auch, aber ich kenne kaum jemanden, eigentlich niemanden, der es so kurzweilig erzählen kann wie Rolf. Er ist eben nicht nur im Scheinwerferlicht der geborene Geschichtenerzähler. Rolf sprudelt und plaudert auch abseits der Bühne mit theatererprobtem Timing und holt als Vollblutkomödiant die Protagonisten seiner Erzählungen mit schauspielerischen Einlagen ins Leben: Gestik, Mimik, das volle Programm. Und plötzlich hört man nicht mehr zu, sondern ist quasi live dabei.

Wenn er schildert, wie er in den frühen Achtzigern im selber umgebauten Toyota-Bus vier Monate durch die Sahara bretterte, wird man jedenfalls schon nach ein paar Sätzen vom Zuhörer zum Beifahrer. Augenblicke später steht man mit ihm in London in der Lobby eines Luxushotels. Er kann kein Wort Englisch. Macht ja nichts. Allerdings ist er nicht als Städtereisender hier, sondern arbeitet als Chef-Patissier im »Hilton« und macht jeden Tag sechshundert Desserts für sechs Restaurants. Wenn er es erzählt, möchte man ihm grad zur Hand gehen und ihm sein Soufflé Alaska flambieren. Am Abend nimmt er uns mit ins Londoner Nightlife, wir sitzen mit ihm auf dem Plüschsofa und lernen – Spoileralarm! – auch ganz grosse Popstars kennen. Die Story über London heisst »Das Traumpaar der Party« und ist indeed much interessanter als dieses Vorwort. Also, worauf warten Sie!

Das war, wie gesagt, in Rolfs wilden Achtzigerjahren. Natürlich liegen nicht alle Geschichten so weit zurück. Auch aus seiner späteren Zeit, wieder zurück in der Schweiz, hat der gelernte Bäcker- und Konditormeister immer wieder ein Müschterli auf Lager. Acht Filialen, dreissig Angestellte, zwanzig Jahre. Da kommen nicht nur ein paar zehntausend Bündner Nusstorten und Birnbrote, sondern auch ein paar Dutzend ziemlich lustige Geschichten zusammen. Natürlich sind auch sie längst Geschichte, erwachen in diesem Buch aber für einen Moment wieder zu heiterer Gegenwart. Tönt wie der Werbetext einer Provinzagentur. Ich muss es wissen, denn ich arbeitete fünfundzwanzig Jahre in einer.

Rolfs »I mag eifach nid« ist nicht nur die Pointe seiner bekanntesten Nummer und der Titel dieses Buches. »I mag eifach nid« ist auch der gemeinsame Nenner ganz vieler Geschichten und zieht sich wie ein roter Faden durch Rolfs ganzes Leben. Er hatte auf seinem Weg weiss Gott mehr als genug Gründe, nicht zu mögen: Bereits als zwölfjähriger Bub wurde er in ein Knabeninternat verfrachtet. Vom Vater. Die Bäckerlehre war auch nicht Rolfs Idee, und mit vierundzwanzig den Laden des Vaters zu übernehmen, war ebenfalls nicht sein Lebenstraum. Nie und nimmer. »I mag eifach nid«, hat sich Rolf dabei immer wieder gedacht. Und was hat er dagegen gemacht? Nichts!

Das änderte sich Mitte der Neunzigerjahre, und zwar auf einen Schlag. Rolf hatte genug vom vorgespurten und aufgegleisten Leben, er stellte die Weichen erstmals selber und sortierte seine Existenz neu. Mit sechsunddreissig Jahren – und einer Familie mit drei Kindern – hängte der Bäcker und Konditor seinen Brotberuf an den Nagel und tauschte die Backstube gegen die Bühne. Aus dem Konditor wurde ein Komiker. Respektive ein Kosmetiker, wie ihn ein Dorfbewohner neulich

ansprach: »Gell, Rolf, du bisch doch dä bekannt Kosmetiker?«
Aber sicher doch!

In Rolfs Geschichten passiert oft Absurdes und Unglaubliches. Es sind eben nicht die netten, lustigen, aber auch etwas belanglosen Geschichten, die jeder von uns schon zigfach selber erlebt oder von anderen gehört hat. Rolfs Storys sind nicht selten »eins drüber«. Ein Reigen aus bizarren Figuren in oft ziemlich grotesken Situationen. Kurz, es sind Geschichten, die einfach weitererzählt werden müssen. Das ist ja der eigentliche Sinn von Geschichten und letztlich auch ihr einziger Zweck.

Solche und ähnliche etwas zu komplizierte Gedanken brachten Rolf und mich schliesslich dazu, die eine oder andere besonders bemerkenswerte Episode aus seinem Leben aufzuschreiben. Die ursprüngliche Idee dahinter war, sie vielleicht in einem kommenden Comedy-Programm auf die Bühne zu bringen. Sie aus einem Schulheft wie einen Aufsatz oder wie Memoiren vorzulesen zum Beispiel. So hat das mit unserer Schreiberei begonnen.

Das mit dem Vorlesen fanden wir ziemlich schnell eine ziemlich bescheuerte Idee. Schliesslich ist Rolf auf der Bühne oft ein Derwisch und Zappelphilipp. So liebt ihn sein Publikum. Wer will denn dieses Energiebündel an einem hölzigen Tischli mit einem Messing-Leselämpli sitzen sehen? Kein Mensch! Rolf nicht, sein Publikum nicht und ich auch nicht. Wir haben darum unsere Expedition in die feingeistige Welt der grossartigen Kleinkunst vorerst auf Eis gelegt.

Aber statt aufhören zu schreiben, was jeder normale Mensch getan hätte, was machten wir? Genau, wir schrieben munter weiter! Aber wozu? Wir hatten keine Ahnung! Es machte einfach Spass, und es gab so viele so gute Geschichten! Am Anfang hat mir Rolf einzelne Anekdoten erzählt, dann begann er, seine

Erlebnisse für mich aufzuschreiben. Seitenweise. Und ich habe gestaunt, was er alles Verrücktes erlebt und mitgemacht hat. Das Staunen war natürlich nicht mein einziger Beitrag. Nachdem ich ausreichend gestaunt hatte, habe ich versucht, aus Rolfs Rohtexten so etwas wie gehobene Literatur zu hobeln. Weil jeder Werbetexter im Kern ja auch ein begnadeter Schriftsteller ist, es gerne wäre oder sich dafür hält. Natürlich bin ich letztlich gescheitert, aber stellenweise war ich wirklich haarscharf nah dran, den einen oder anderen stimmigen Text zu verfassen. Und dann war es dann amigs Rolf, der gestaunt hat, was ich aus seinen Notizen alles herausgeholt habe. Zusammenfassung: Von ihm das Was, von mir das Wie, und lesen dürfen es jetzt Sie. Ja genau, ein vierhebiger Jambus samt Reim. Sie merken es, wir schalten intellektuell einen Gang hoch und legen auch emotional einen Zahn zu.

Reden wir über das Buch. Es ist in der Ich-Form geschrieben. Rolf Schmid nimmt Sie mit auf eine Reise durch sein Leben. Mit seinen Augen sehen Sie seine schwindelerregenden Höhepunkte und werden Zeuge von aberwitzigen Situationen und schrägen Begegnungen. Natürlich nicht nur. Rolf macht auch vor dem Schattental der Missgeschicke nicht halt und lässt in diesem Buch darum auch ein paar seiner kapitalsten Abstürze und peinlichsten Bühnenpleiten Revue passieren. Und das sind im Nachhinein ja sowieso häufig die besten Geschichten.

Das Buch ist eine chronologische Biografie oder vielleicht sogar eine biografische Chronik. Für Normalsterbliche sind es ganz einfach »ziemlich lustige Geschichten aus dem fast ganz normalen Leben des Comedian Rolf Schmid«. Die einzelnen Erzählungen folgen zeitlich zwar aufeinander, sind untereinander aber inhaltlich nicht verbunden. Jede ist in sich abgeschlossen. Das ist sehr praktisch, beispielsweise als Bettlektüre. Sie können irgendeine Geschichte herauspicken und lesen. Genauso gut können Sie sie aber auch nicht lesen und das Licht löschen. Doch eigentlich wollte ich in diesem Vorwort ja vor allem von mir reden und meine fünfzehn Minuten Ruhm zelebrieren. Aber dann ist mir nichts dazu in den Sinn gekommen. Beim besten Willen nicht. Okay, ich könnte vielleicht erwähnen, dass ich mit meinen zwei Metern und vier Zentimetern wahrscheinlich einer der grössten zeitgenössischen Autoren bin. Aber das wird ja sowieso niemand ernsthaft bestreiten. Also kann ich auch darauf verzichten, es zu erwähnen. Alles, was Sie sonst noch über mich wissen müssen, steht in der Umschlagklappe. Und was dort nicht steht, geht Sie nichts an. Damit wäre das also auch gesagt, fast etwas überdeutlich, finde ich.

Bald haben Sie das Vorwort geschafft. Das Ende naht, ein guter Zeitpunkt, um noch einmal auf den Start dieses Projektes zurückzukommen. Rolf und ich hatten zu Beginn unserer Schreiberei null Ahnung, was daraus werden sollte. Keine Bühnenkunst, nur so viel war ja bald klar. Als unser Manuskript dann schon richtig fett war, tauchte irgendwann, quasi aus dem Nichts, der naheliegendste Gedanke auf: ein Buch! Doch wollten wir das, geschweige denn, konnten wir das überhaupt? Ist ja schon etwas anderes als ein Schulaufsatz übers Pfadilager am Pfingstwochenende. Vor allem umfangreicher. Das hat uns dann schon leicht verunsichert. Aber die hübsche Schwester der Unsicherheit ist die Möglichkeit; die hässliche Schwester der Sicherheit hingegen ist die Langeweile. Wir haben uns für die Unsicherheit und gegen die Langeweile entschieden. Denn darauf, uns zu langweilen, hatten Rolf und ich noch nie besonders Bock. Und es gibt ja eigentlich auch keinen Grund, sich zu langweilen, solange man neugierig ist und es Dinge gibt, die man noch nie gemacht hat. Gell! Und damit sind wir jetzt definitiv in den seichten Niederungen der trivialen Lebensweisheiten angekommen. Das ist aber nicht so ein Buch. Darum ist jetzt Schluss. So, und jetzt lesen Sie endlich die erste Geschichte. Oder irgendeine andere. Sie merken ja selber, dass dieser Text auf den letzten Seiten nur noch länger, aber nicht mehr wesentlich schlauer geworden ist. Aber ab jetzt wirds besser, versprochen. Ich hoffe, Sie haben beim Lesen so viel Spass, wie ich beim Schreiben hatte.

Hardy Hemmi, im nasskalt verregneten Mai 2023

Rolf privat

Erstaunliche Geschichten

Das Sonntagskind

April 1959. In einer Küche, irgendwo auf dem Land begann meine Geschichte. Mittags zwischen zwölf und halb eins. Im Hintergrund knisterte Radio Beromünster, die Gratulationen. Die Geburtstagskinder hiessen Anna oder Hans. Abwechselnd wurde der Marsch »Alte Kameraden« und ein Männerchor mit »Die alten Strassen noch« gewünscht. Um halb eins kamen die Mittagsnachrichten. Mein Vater Conradin war seit fünf Uhr auf den Beinen. Josefina, meine Mutter, war im neunten Monat schwanger.

Mein Vater sass bereits und wartete. Sein Platz war am Kopfende des Tisches. Der Platz meiner Mutter war die Vorderseite des Herdes. Dort stand sie jetzt, fischte zwei Engadiner aus dem heissen Wasser und legte sie auf die Teller. Dann drapierte sie etwas Kopfsalat zu den Würsten und servierte diesen fettigen Vorläufer des Fitnesstellers. Jetzt endlich konnte auch sie sitzen. Aber nur kurz. »He!«, begann mein Vater, er sagte nie »du« oder »Josefina« oder gar »Fina«. Immer nur »he«. Ich dachte sehr lange, He sei der Vorname meiner Mutter. »He – haben wir noch Senf?«, fragte mein Vater also und schob der Mutter das fast leere Senfglas über den Tisch. Meine Mutter nahm es, stellte es beiseite und schaute im Schrank nach. Leider nichts. Aber in unserem Laden unten oder im Lager im Keller hatte es natürlich noch ganze Regale voll. Und was waren schon zwei, drei Stockwerke. Mein Vater wartete, meine Mutter ging. Nach einer Weile kam sie wieder, öffnete das neue Glas und stellte es auf den Tisch. Jetzt konnte auch sie endlich sitzen mit ihrem runden Bauch.

Sie assen. Sie schwiegen. Nicht weil etwas zwischen ihnen nicht gestimmt hätte. Beim Essen wurde damals nicht geredet. Ich glaube, es wurde generell weniger geredet. Einfach nur das Allernötigste. Das reichte ja auch. Engadiner mit Salat. Das reichte ebenfalls. Und das gab es bei Schmids fast jeden zweiten Tag, weil eine Wurst ziehen lassen keine Arbeit machte und die Mittagspause kurz war.

Meine Mutter hatte ziemlichen Appetit. Mein Vater grübelte die ganze Zeit angestrengt an etwas herum. Dann hatte er es endlich beisammen und fing an: »He – also es ist folgendermassen«, er schaute kurz vom Teller hoch, »es sollte also schon ein Bub werden. Die Backstube, der Laden und vor allem wegen später: Die ganze Nachfolge et cetera pp. Also etwas anderes als ein Bub kommt von mir aus eigentlich nicht infrage. Gell, es wird schon ein Bub, oder?«

Meine Mutter schaute ihn an und nickte wortlos. Ja, was hätte sie schon sagen können? Und was machen? Es würde dann halt werden, was es werden würde. So war es schon immer. Was für eine Idee!

Sie assen weiter. Aber da war noch etwas. Diesmal machte der Vater sogar eine Pause mit Essen, legte Messer und Gabel auf den Tellerrand und sagte: »He – und wenn ich grad dabei bin: Wenn das Kind am Samstag käme – also wenn das möglich ist –, das wäre natürlich ideal. Weil am Montag kommt ja der Lastwagen von der Usego mit einer grossen Lieferung. Und alles alleine abladen und versorgen wird mir langsam einfach zu streng.« Ein durchaus verständlicher Wunsch, schliesslich war mein Vater fünfzehn Jahre älter als meine Mutter. Er war mitten im Weltkrieg auf die Welt gekommen, und zwar nicht im zweiten. Meine Mutter nahm den Wunsch zur Kenntnis, sagte aber nichts. Ihr fiel auch zu seinem zweiten Anliegen beim besten Willen nichts ein.

Ein Bub am Samstag, ein Lastwagen am Montag. Wäre das also geklärt. Jetzt hatte der Vater alles gesagt, was ihm auf dem Herzen lag, die Wochenplanung erledigt, die Zukunft der Bäckerei organisiert und die Thronfolge der Dynastie gesichert. Und fertig gegessen hatte er inzwischen auch. Er trank sein Glas leer und wischte sich mit der Serviette flüchtig den Mund ab. Dann stand er auf, ging einen Stock höher, legte sich hin und machte dort wie jeden Tag ein Nickerchen. Meine Mutter holte sich noch eine halbe Wurst und etwas Salat, schüttelte den Kopf und strich mit der Hand über ihren Bauch.

Ich bin dann tatsächlich ein Bub geworden. Das hat meine Mutter also richtig gemacht. Und das mit dem Samstag habe ich vermasselt. Ich habe mich ein bisschen quergestellt und extra noch einen Tag gewartet. Erstens, um ein Sonntagskind zu werden, und zweitens wollte ich nicht, dass meine Mutter am Montag den riesigen Usego-Laster fast alleine abladen musste.

Auf einen Vornamen hatten sich meine Eltern längst geeinigt. Nein, es war nicht Rolf, sondern Max. Ich sollte also Max Schmid heissen. Während meine Mutter im Kreisssaal des Frauenspitals Fontana in Chur in den letzten Wehen lag, tigerte mein Vater – was für ein Klischee! – nervös im Spitalgang auf und ab und wartete. Irgendwie fiel ihm dort ein Zündholzbriefchen in die Hand: »Dr. iur. Rolf Schmid, Notariat und Anwaltskanzlei« stand da oder »Dipl.-Ing. Rolf Schmid, Bauberatungen, Generalunternehmen«. Was genau, lässt sich nicht mehr rekonstruieren. Etwas Mehrbesseres halt, in Kombination mit Rolf als erfolgversprechendem Vornamen. Wenn das kein Zeichen war! Mein Vater sagte »Rolf«, meine Mutter hatte wieder einmal nichts zu sagen, der Name Max war gestorben, Rolf Schmid war geboren.

Eine Klasse für sich

Das Dorf war wirklich klein. Sehr klein. Kindergarten gab es keinen, und am ersten Schultag waren wir nur zu zweit: Willi Moser und ich. Er war schon ein Jahr älter, aber für die Schule bis jetzt zu dumm gewesen. Das sagten alle. Man hätte Willi auch fördern können, aber ihn ein Jahr warten zu lassen, machte weniger Arbeit, also hatte man sich so entschieden.

Ob ich genug schlau war, weiss ich nicht. Es stand auch nie zur Debatte. Ich war der Sohn des Dorfbäckers und Ladenbesitzers. Ja, mein Vater war jemand. Willis Vater hingegen war ein Jenischer, also niemand. So wars halt damals. Moser musste ein Jahr auf seinen Schulstart warten. Es gibt Schlimmeres.

Ihm war das sowieso egal, und für mich passte es perfekt: Erstens wurde er mein allerbester Schulfreund, und zweitens wurde ich vom ersten Tag an immer mit ihm verglichen. Und egal, wie schwach meine Leistungen waren, er war immer schlechter als ich, und zwar viel schlechter. Neben seinem Nichtkönnen – das letztlich nichts anderes als ein geschickt getarntes Nichtwollen war – sahen selbst meine bescheidensten Bemühungen ganz passabel aus. Ende Schuljahr wechselte ich in die zweite Klasse. Moser blieb sitzen. Für niemanden eine Überraschung. Und alle sagten wieder dasselbe: Er habe es halt einfach nicht drauf. Ich wusste es besser: Willi wollte nicht. Und er glänzte auch nicht mit übertrieben regelmässigem Schulbesuch. Aber zu Hause Handorgel spielen, das wollte und konnte er. Er spielte schon als Achtjähriger virtuos wie ein Grossmeister. Das nützte ihm in der Schule natürlich wenig. Er war auch noch in der ersten Klasse, als ich zwei Jahre später die dritte beendete und in die vierte kam. Ich weiss es nicht, aber vielleicht hätte mein Freund Willi halt auch weniger rauchen sollen. Fast ein Päckli an manchen Tagen ist für einen Primarschüler wohl doch an der oberen Grenze. Aber gell, das muss letztlich jeder selber wissen. Moser raucht übrigens immer noch. Und durchs Leben gekommen ist er auch, und zwar gar nicht mal so schlecht. Seinen Namen schreiben kann er zwar immer noch nicht, die Autoprüfung hatte er seinerzeit trotzdem im ersten Anlauf bestanden. Er ist einer von denen, die es nicht wegen, sondern trotz der Schule geschafft haben im Leben.

Ich meisterte meine sechs Primarschuljahre ohne allzu grosse Probleme. Das lag nicht nur an mir, sondern auch an Josefa, der Verkäuferin in der Bäckerei meines Vaters. Denn Sefa, wie sie von allen genannt wurde, stand nicht nur im Laden, sondern war gleichzeitig unser Kindermeitli und sorgte für meine kleine Schwester Klara und mich. Sefa half mir oft bei den Hausaufgaben. Das klappte am Anfang gar nicht so schlecht. Sie konnte mir viele Sachen sehr gut erklären und wurde auch nicht böse, wenn ich einmal etwas länger brauchte, weil ich nicht alles auf Anhieb begriff. Das änderte sich später. Nein, böse wurde sie nie, aber ungeduldig, und zwar sehr. Kein Wunder, meine Langsamkeit ging nicht selten auf Kosten ihrer freien Zeit.

Wenn ich Rechenaufgaben zu lösen hatte, wartete sie irgendwann meine zögerlichen Resultate gar nicht mehr ab, sondern nahm buchstäblich das Heft in die Hand und füllte einfach alles aus. In einem Zug von oben bis unten: Drei und acht gleich elf, fünf mal vier gibt zwanzig, zwölf durch drei sind vier. Das ging amigs ratzfatz! Ich sass daneben und staunte Bauklötze. Später sass ich dann nicht mehr daneben. Ich gab Sefa die Stöcklirechnungen und ging spielen. Oder, was mit zunehmendem Alter immer häufiger vorkam, dem Vater in der Bäckerei helfen. Wenn ich zurückkam, war alles erledigt. Natürlich blitzsauber und fehlerfrei. Und so ging das nicht nur mit den Rechenaufgaben. Nein, Sefa verfasste auch meine Aufsätze. Und ich gab in der Schule ab, was sie geschrieben hatte. Nicht etwa raffiniert in meine wacklige Primarschul-Schnüerlischrift übersetzt, sondern genau ihre Zeilen. Der Aufsatz eines achtjährigen Knirpses in der schwungvollen Schrift einer dreissigjährigen Verkäuferin. Das ging das erste Mal gut – und alle anderen Male auch! Ich wundere mich noch heute, wieso nie jemand etwas sagte. Der Bschiss war ja mehr als offensichtlich. Ich denke, Familie Moser wäre damit niemals durchgekommen.

Ab der zweiten Klasse, Willi war ja sitzen geblieben, war ich dann eine Klasse für mich. Ich sass ganz allein in einem Bänkli mitten im Schulzimmer. Vor mir die Reihen mit den Jüngeren, hinter mir die Reihen mit den Älteren. Der Lehrer musste also drei verschiedene Stufen parallel unterrichten. Am Anfang hatte er es noch versucht, dann wurde es ihm irgendwann doch zu viel. Eines Tages brachte er ein grosses Spulentonbandgerät in die Schule. Das stand jetzt vorne auf einem Tischli neben seinem Pult. Von dieser Bandmaschine führte ein dickes, braunes Kabel am Boden zwischen den Bänken der Erstklässler hindurch bis zu mir, wo es mit Klebstreifen an meiner Bank befestigt war. Am Ende des Kabels war einer dieser imposanten Stereokopfhörer der Sechzigerjahre mit Hörmuscheln so gross wie zwei Bürli.

Während der Lehrer die Jüngeren und die Älteren sozusagen live unterrichtete, knisterte und brutzelte bei mir eine Geografiestunde oder eine Naturkundelektion aus dem Hörer. Manchmal aber auch Kopfrechnen oder ein Diktat, das er am Vorabend aufgenommen hatte. Am Anfang waren diese Diktate leicht. Vor allem, weil der Lehrer für mich alles ganz langsam las und die Doppelkonsonanten extrem betonte. Da musste man wirklich strohdumm sein, um Fehler zu machen:»Immmmer im Sommmmer Komma, wennnn die Sonnnne scheint Komma, gehen wir schwimmmmen Punkt.« Leider blieb es nicht lange so einfach. Später fuhr er stufengerecht die grösseren Geschütze auf:»Der Chauffeur sprang aufs Trottoir und rief: ›Jacques, Sie haben Ihr Portemonnaie in meinem Trolleybus vergessen!‹« In so Momenten vermisste ich meine Sefa ganz schrecklich. Ich war sicher, sie hätte das alles wie selbstverständlich hingeschrieben in ihrer flüssigen, blassblauen Frauenschrift. Ich hingegen brachte oft gar nichts zustande. Ausser einem trockenen Mund und schweissnassen Händen vor lauter Angst. Die hatte ich zu Recht: Die von blutroten Korrekturen übersäten Diktate waren immer wieder sichtbar gewordene Beweise meines dummen Scheiterns und meines stummen Leidens. – Okay, das ist natürlich etwas gesucht formuliert, und ziemlich übertrieben ist es noch dazu, weil so schlimm wars ja gar nicht. Obwohl, wenn ich so zurückdenke, eigentlich schon.

Trotz ein paar solcher Tiefpunkte beendete ich die Primarschule nach der sechsten Klasse erfolgreich. Ich wusste zwar, dass ich kein Musterschüler war, sah mich aber doch im soliden Mittelfeld. Eine optische Täuschung. Wie sich bei den Prüfungen für die Sekundarschule zeigte, beherrschte ich ohne Sefa als Souffleuse bestenfalls den Stoff eines schwachen Viertklässlers. Das war natürlich zu wenig. Ich rasselte durch.

Mein Vater war nicht begeistert. Ich erinnere mich an ein Gespräch in unserer Küche. Mein Vater, der Herr Lehrer und ich. Mein Vater sass am Kopfende des Küchentischs, wie immer. Und war nicht besonders gut aufgelegt, wie meistens. Ich stand etwas verloren daneben. Der Lehrer stand auch, und zwar buchstäblich mit dem Rücken zur Wand. Mein Vater hatte Fragen, der Schulmeister meist keine Antworten darauf. So in die Enge getrieben, drosch er dann, soweit ich mich erinnere, die üblichen leeren Lehrerfloskeln:»Es fehlt ihm ja nicht an Intelligenz, nur an Fleiss. Er muss sich besser konzentrieren lernen. Seine Hausaufgaben waren immer erstaunlich gut, aber er hat es im Unterricht nicht umsetzen können.« Und so weiter und so fort. Ellenlang. Und natürlich alles in der dritten Person, obwohl ich unmittelbar danebenstand. Ich kann mich an die Details und die einzelnen Sätze nicht mehr genau erinnern. Eine Passage aber weiss ich bis heute wortwörtlich. Der Lehrer meinte gegen Schluss zusammenfassend:»Ja, was soll ich noch sagen, Rolf hat sich einfach zu wenig Mühe gegeben!« Da wurde mein Vater das erste und einzige Mal laut in diesem Gespräch, und zwar richtig laut. Er schlug mit seiner grossen Bäckerhand flach auf den Holztisch, dass es krachte und sein Kafitassli schepperte:»Nein, Sie! Sie haben sich zu wenig Mühe gegeben! Sie!« Darauf wusste der Lehrer natürlich nichts mehr zu entgegnen. Es war offensichtlich das Ende des Gesprächs.

Einen kurzen Moment lang dachte ich, mein Vater sei jetzt auf meiner Seite. Das war ein grossartiges Gefühl und ein noch grösserer Irrtum. Kaum war der Lehrer weg, war ich wieder die Zielscheibe seiner vorwurfsvollen Unzufriedenheit. Ich stand in der Küche und war die personifizierte Enttäuschung. Dass das nicht so bleiben konnte, war für meinen Vater klar. Nein, so schnell wollte er nicht aufgeben. Und was ich damals wollte, das stand sowieso nicht zur Debatte.

Das schnellste Töffli

Es wäre wirklich sehr ungerecht, Willi Mosers Fähigkeiten aufs Schuleschwänzen und Handorgelspielen zu reduzieren. Mein bester Schulfreund hatte auch noch ganz andere Qualitäten, wie ich schon sehr bald sah. Nach der Primarschule war es höchste Zeit für ein Töffli. Auf dem Land ging es fast nicht ohne. Jeder hatte eins. Willi schon lange, denn er war ja ein Jahr älter als ich. Als ich dann endlich vierzehn wurde, bekam ich von meinen Eltern auch eins geschenkt. Aber natürlich prompt das falsche. Ich hatte mir eins mit Sachs-Motor oder einen Puch gewünscht. Das Nonplusultra wäre ein Zündapp Belmondo gewesen. Und was bekam ich? Eins ohne Gänge, einen Automat. Vielen Dank! So was hatten eigentlich nur die Mädchen. Aber die fuhren natürlich selbstbewusst schicke Ciaos von Piaggio. Ich hingegen bekam etwas Scheussliches in Zitronengelb. Ich glaube, die Marke hiess Garelli. Nein, das war definitiv kein Hingucker. Aber was solls, Hauptsache, ich hatte jetzt auch ein Töffli und konnte mit Willi zusammen den ganzen Tag das ganze Tal erkunden. Das Domleschg und den Heinzenberg. Und natürlich zum Canovasee düsen im Sommer. Auf die Plätze, fertig, los, wer zuerst im Wasser ist, hat gewonnen! – Nein, das stimmt nicht, so Rennen haben wir nie gemacht. Es wäre ja auch vollkommen sinnlos gewesen. Willis Töffli war fast doppelt so schnell wie meins. Also eigentlich war jedes Töffli im Dorf schneller als mein Zitronenfalter.

»Das liesse sich schon ändern!«, sagte mir Willi Moser, als ich mich eines Tages wieder einmal über meine lahme Mühle beklagte. Und er wusste natürlich auch, wie man das änderte. Sein Sachs lief schliesslich auch nicht ab Werk über fünfzig. Ich vertraute meinem Freund. Willis Vater hatte zu Hause eine grosse, tipptopp ausgerüstete Werkstatt, und darin verschwand nun mein Vehikel für ein paar Tage. Der kleine Moser zerlegte den halben Motor, sägte am Kolben, fräste an den Überströmkanälen und feilte am Zylinder herum. Dann polierte er noch dies und das und wechselte ganz am Schluss sogar noch das Ritzel. Schliesslich montierte er alles wieder fein säuberlich zusammen, und es blieben kaum Schrauben übrig. Jetzt sei mein Garelli eine Rakete, versicherte er mir.

Also höchste Zeit für die erste Probefahrt. Die lange Gerade vor Rothenbrunnen war die perfekte Teststrecke. Willi Mosers Motor knatterte schon. Ich trat in die Pedale und startete mein frisch frisiertes Töffli. Es sprang auf Anhieb an. Ein gutes Zeichen. Das Auspuffgeräusch war zwar etwas lauter als vorher. Aber nicht viel. Meine Eltern durften ja nichts merken. Dann war es so weit: Bereit, fertig, los! Jetzt machte es Sinn, und wie! Ich erkannte mein Garelli kaum wieder, es beschleunigte tatsächlich wie eine Rakete auf zwei Rädern. Das machte richtig Spass, und ich war beinahe gleich schnell wie Willi. Dann hatte dessen Gefährt seine Endgeschwindigkeit erreicht, also irgendwo zwischen fünfzig und sechzig. Meine Tachonadel kletterte weiter, unaufhaltsam in ganz unbekannte und unbeschriftete Gefilde. Willi fiel immer mehr zurück. Mein Motor drehte immer höher. Ich dachte, wenn das so weitergeht, durchbreche ich bald die Schallmauer. Kaum hatte ich das gedacht, ein ohrenbetäubender Knall. Aber es war natürlich nicht die Schallmauer, sondern ein Motorschaden. Die Tachonadel machte sich enttäuscht auf den Heimweg. Aus dem Getriebe spritzte schwarzes Öl auf den Asphalt, und aus dem Vergaser rauchte es wie wahnsinnig.

Erstaunlicherweise lief mein Töffli noch. Allerdings viel schlechter als je zuvor. Und jetzt wie weiter? Willi zuckte bloss mit den Achseln. Er war als Tuning-Guru von Rothenbrunnen an seine Grenzen gestossen. Der Motor meines gelben Pfeils hatte diese Grenzen sogar durchbrochen und war jetzt dafür im Nirwana. Nein, zu retten oder zu richten gabs da nicht mehr viel, mein Töffli war schrottreif. Willi hatte keinen Plan. Ich hatte auch keinen Plan, aber ab sofort das langsamste Töffli in ganz Graubünden. Immerhin, einen Ausweg gab es: Wenn es wirklich pressierte, ging ich von da an einfach zu Fuss.

Eine kleine Schweinerei

Es war einmal ein kleiner Stall, und da wohnten sieben kleine Schweine. Dieser kleine Stall befand sich neben unserem grossen Haus, denn die Schweine gehörten meinem Vater. Ich durfte sie schon als ganz kleiner Bub regelmässig füttern. Da mein Vater einen Lebensmittelladen hatte, bekamen sie oft Obst- und Gemüseresten. Da er ausserdem eine Bäckerei hatte, bekamen sie oft auch Brot. Sehr oft sogar. Die Schweine fanden das Brot prima. Der Tierarzt fand das Brot weniger toll, vor allem in diesen Mengen. Wenn wieder einmal ein Schwein mausetot im Koben lag, ermahnte er meinen Vater, es um Himmels willen mit dem Brot nicht so masslos zu übertreiben. Das hatte er schon ein paarmal gesagt. Trotzdem starben unsere Schweine wie die Fliegen. Der Tierarzt war wohl zu wenig überzeugend. Oder mein Vater beratungsresistent.

Mit sieben war ich endlich stark genug, um nicht nur jeden Tag meinen kleinen gelben Futterkübel, sondern auch eine grosse Schaufel und einen Besen in den Stall zu tragen. Es hat eben alles im Leben zwei Seiten. Und zum Fressen gehört das Scheissen. Das wurde mir sinngemäss so erklärt, und es hat mir eingeleuchtet. Aber ich hätte den Stall auch ausmisten müssen, wenn es mir nicht eingeleuchtet hätte.

Also packte ich eines Nachmittags die Schaufel und den Reisbesen und stapfte in meinen kleinen Gummistiefeln Richtung Schweinestall. Ich fühlte mich wie Ueli der Knecht oder – fürs Bildungsbürgertum – Herkules im Augiasstall. Jetzt gehörte ich dazu, war eindeutig ein Grosser, der richtig zupacken und mithelfen konnte. Als ich den Stall betrat, sprangen mir die Schweine nervös und neugierig quiekend entgegen. Dann sahen sie, dass ich diesmal nichts Fressbares dabeihatte. Sie beruhigten sich wieder und verzogen sich etwas enttäuscht in ihre Strohecke. Ich begann im vorderen Teil des Stalls zu schaufeln, wie man es mir erklärt hatte. Am Anfang machte es richtig Spass, den ganzen Mist von hinten nach vorne zu schieben und dann von links nach rechts, um ihn schliesslich in die Karrette zu schaufeln. Die sollte ich dann zum Miststock stossen. So weit kam ich aber gar nicht. Je mehr ich schob, schaufelte und im Schweinemist herumfuhrwerkte, desto übler stank es. Mir wurde ein bisschen schlecht. Zwei Atemzüge später war mir bereits sehr schlecht. Ich spürte kalten Schweiss auf der Stirn, Speichel schoss mir in den Mund. Ich kämpfte mit Brechreiz. Meine Schubkarre war kaum halb voll, als ich den Kampf verlor. Das Mittagessen klatschte in einem heissen Strahl mitten in die knöcheltiefe Schweinekacke. Kopfkino!

Ich musste da raus. Schwitzend und würgend stolperte ich aus dem Stall an die frische Luft. Mein Vater war auf dem Vorplatz gerade etwas am Reparieren. Er hatte Verständnis. Ja, das könne schon mal passieren am Anfang. Er machte meine Arbeit fertig. Eine Woche später wollte ich es wieder probieren. Fehlanzeige. Es war fast noch schlimmer als beim ersten Mal. Nach zwei oder drei weiteren Versuchen war klar, es ging einfach nicht. So ein Mist, es war zum Kotzen, denn ich hätte diese Arbeit ja gern gemacht.

Gefüttert habe ich die Schweine natürlich weiterhin, denn an ihnen selber hatte ich immer noch viel Freude, es waren kluge, nette und gemütliche Tiere. Und einige sogar ganz hübsch mit ihren feuchten Nasen und den aufgeweckten Schweinsäuglein unter den langen, hellen Wimpern.

Ab und zu kam dann dieser graue Lastwagen mit dem Mann im langen Mantel. Er fuhr langsam bis ganz nah an die Stalltüre, öffnete die Rampe des Lastwagens und ging in den Stall. Dort war augenblicklich die Hölle los, nackte Panik. Die Schweine schrien wie am Spiess. Fast visionär, könnte man sagen. Dann hörte ich die kleinen Schweinefüsschen auf der kalten Metallrampe. Sie trampelten und stampften, sperrten und wehrten sich und versuchten, ihrem Schicksal zu entgehen. Vergebens. Dann klappte der Mann mit dem langen Mantel die Rampe wieder hoch, der graue Lastwagen fuhr davon, und im Stall fehlten zwei meiner Freunde. Das hat mir als Bub manchmal fast das Herz zerrissen. Ich sass dann auf der Steinstufe vor dem Stall, verstand es nicht und weinte. Zum Zmittag gabs dann Salat und eine schöne, grosse Siedwurst. Das hat mich wieder mit der Welt versöhnt.

Ein besonderer Augenblick

Als Kind mit vielleicht neun oder zehn habe ich einmal zugeschaut, wie mein Lieblingscousin Condi, der Metzger, ein Schwein geschlachtet hat. Päng! Als das Schwein tot war, hat er gesagt:»Da!« – und mir seine breite, freundliche Hand entgegengestreckt, um mir etwas zu schenken. Es war ein Auge! Das war schon recht gruusig, gleichzeitig aber auch ziemlich faszinierend.

Irgendwann war es dann Zeit, nach Hause zu gehen. Ich liess Condi und das arme Schwein allein. Das Auge nahm ich mit wie ein kostbares Juwel. Mein Schatz! Das war es ja auch, denn Condi war eben mein Lieblingscousin, und das Auge war ein Geschenk von ihm nur für mich ganz allein. Ich ging also mit dem Auge in meiner kleinen Kinderfaust durchs Dorf nach Hause. Auf dem Weg sah ich Frau Lau auf dem Bänkli vor ihrem Haus sitzen. Frau Lau hat meiner Mutter ab und zu im Haushalt geholfen. Meine Schwester Klara und ich mochten sie nicht. Überhaupt nicht. Beim Essen hatte man kaum den letzten Bissen auf der Gabel, schon riss sie einem den Teller weg und brachte ihn zur Spüle. Damit es vorwärtsging, damit es gemacht ist, damit es weitergeht. So eine »Erledigerfrau« war sie halt. Vielleicht esse ich darum noch heute so hastig. Immer in Angst, Frau Lau könnte jeden Moment um die Ecke kommen und mir mit ihrer harten Hand das Gedeck vom Tisch schränzen. Die zehn Franken, die Klara und ich jeweils zu Weihnachten von Frau Lau bekamen, waren zwar willkommen, und es war auch sehr viel Geld zu jener Zeit, die Absicht dahinter war aber selbst uns Kindern sonnenklar: Das Geschenk galt nicht uns, sie wollte sich bloss bei unserer Mutter beliebt machen, also einschleimen, damit sie ihre Stelle als Hilfe auch im kommenden Jahr behalten konnte.

Eben diese Frau Lau sass also auf ihrem Bänkli an der Dorfstrasse. Ich musste an ihr vorbei. Und nicht zu vergessen: Ich hatte immer noch das Schweinsauge in der Hand. Ich weiss nicht mehr, wieso, vielleicht wollte ich nach diesem Nahtoderlebnis im Schlachthaus einfach wieder in meiner Kinderwelt ankommen. Ach was, dummes Zeug, Psychologie für Anfänger! In Wirklichkeit hatte ich einfach wieder einmal nur Unfug im Kopf. Ich habe mir damals nichts überlegt, sondern spontan improvisiert. Das Leben war meine Bühne, Frau Lau mein Publikum. Vorhang auf, es geht los! Als ich noch wenige Schritte vom Bänkli entfernt war, Frau Lau hatte mich natürlich längst gesehen, stolperte ich ganz unglücklich und fiel der Länge nach auf die damals noch nicht asphaltierte Dorfstrasse. Sofort begann ich zu schreien: »Aua! Au!« Frau Lau stand auf und kam zu mir. »Au, as tuat so weh, as tuat so fescht weh!«, lamentierte ich auf den Knien. Mit einer Hand bedeckte ich mein linkes Auge. »Au, Frau Lau, as tuat so weh!« – »Was häsch denn, Rolf?«, fragte sie. »As tuat so varruggt weh!«, wimmerte ich, streckte ihr meine rechte Hand entgegen und zeigte ihr das »verlorene« Auge.

Ich war gut. Frau Lau war schockiert und schrie so laut, dass man es bis Thusis gehört haben muss. Sie rang nach Luft, wurde kreidebleich, taumelte rückwärts und liess sich aufs Bänkli fallen. Zeter und Mordio! – Hätte ich den Scherz nicht augenblicklich aufgelöst, sie wäre als Nächstes wahrscheinlich ohnmächtig geworden. Zusammenfassend kann ich sagen, es war für uns beide buchstäblich ein ganz besonderer Augenblick.

Frau Lau hat sich dann relativ schnell wieder beruhigt. Für mich war die Episode aber noch nicht ganz zu Ende. Die Sache ging sogar noch ziemlich ins Auge, könnte man sagen. Diesmal hatte ich den Bogen überspannt, und zwar weit. Vom Vater gabs ein paar klare Worte. Im Gegensatz dazu hat meine Mutter die Angelegenheit nonverbal erledigt. Das heisst, von ihr gabs links und rechts eins um die Ohren. Und zwar zünftig. Ich erinnere mich daran noch so gut, weil das sonst nie vorkam. Gar nie.

Und Frau Lau? Sie hat der Mutter weiterhin im Haushalt geholfen und uns Kindern die Teller weggezogen. Alles wie gehabt. Ausser an den folgenden Weihnachten. Da gabs als Gschenkli dann nur noch fünf Franken statt der üblichen zehn. Wars das wirklich wert? – Eindeutig!

Mutter kauft ein Kleid

Montag, 19. Mai 1969. Es ist genau acht Uhr fünfunddreissig. Mein Vater macht gerade Pause. Er sitzt in unserer Wohnung und blättert in der »Bündner Zeitung«. Er trinkt eine Tasse Milchkaffee und isst dazu einen Apfel. Mit einem Rüstmesserli schneidet er die vertätschten oder angefaulten Stellen weg und legt sie aufs Untertässli. Zwei Stockwerke tiefer hat gerade Frau Cavegn den Laden verlassen. Sie hat ein Pfünderli (halb-weiss) und eine Büchse Heliomalt (gross) gekauft. Jetzt ist meine Mutter wieder allein im Geschäft. Sie geht zur Kasse, schaut nach links und nach rechts. Nein, es ist wirklich niemand mehr da. Nachdem Frau Cavegn in die Dorfstrasse abgebogen ist, ist auch der Dorfplatz vor dem Laden leer. Aus ihrer Schürze klaubt meine Mutter einen kleinen Schlüssel und öffnet damit vorsichtig die schwere Schublade der Registrierkasse. Mit dem Schlüssel geht das leise, also ohne das scheppernde Geklingel der Total-Taste. Die Schublade gleitet beinahe lautlos heraus, und hier liegt das ganze Geld. Eigentlich will sie nur fünfzig Franken nehmen, am Schluss sinds dann doch wieder über hundert. Wie immer in verschiedenen Noten.

Meine Mutter arbeitete bei meinem Vater. Einen Lohn für ihre Arbeit hatte sie mit ihm nicht vereinbart. Also bekam sie auch keinen. Obwohl sie Tag für Tag im Laden stand und viel gekrampft hat. Ihre Arbeit wurde zwar geschätzt, das schon, aber nicht bezahlt. Das war zwar irgendwie nicht recht, aber Ungerechtigkeit, vor allem gegenüber Frauen, war in den Sechzigerjahren nichts Ungewöhnliches.

Sackgeld war für meine Mutter ebenfalls ein Fremdwort, ja selbst so etwas wie Haushaltsgeld gabs nicht bei Familie Schmid. Wenn meine Mutter Geld brauchte, wofür auch immer, musste sie es aus der Ladenkasse nehmen. Hat sie auch gemacht, aber nie darüber geredet. Die Kasse hat anschliessend hinten und vorne nicht gestimmt. Das hat mein Vater beim Abrechnen auf den ersten Blick gesehen, hat aber ebenfalls geschwiegen.

Sechs Tage später. Sonntag, 25. Mai 1969. Ein Familienzmittag bei den Grosseltern in Surava steht auf dem Programm. Es ist zehn Uhr sechsunddreissig. Meine Mutter trägt zum ersten Mal das Kleid, das sie sich diese Woche gekauft hat. Ein elegantes, luftiges Sommerkleid mit buntem Blumenmuster. Es ist sehr hübsch und steht ihr ausgezeichnet. Mein Vater wartet schon im Auto. Als sich meine Mutter neben ihn setzt, sagt er: »Isch das a neus Kleid?« Meine Mutter antwortet mit ihrem bewährten Standardsatz: »Nanei, wo denksch au hära! Das Kleid isch doch nid neu, das han i schu uhhh lang im Kaschta!«

Nach diesen zwei Sätzen – das erzählte mir meine Mutter viele Jahre später – war die Unterhaltung zum Thema neues Kleid jeweils zu Ende. Sie dauerte nie länger. Ich weiss nicht, ob es eine Art Ritual zwischen den beiden war: Er hat genau gewusst, dass das Kleid neu war. – Sie hat gewusst, dass er es weiss. – Er hat gewusst, dass sie weiss, dass er es weiss. – Fertig.

Heute würde man diesen Dialog kaum mehr so offen stehen lassen. Man würde nochmals nachfragen, dann die Befindlichkeiten stundenlang ausdiskutieren und anschliessend eine Paartherapie in Erwägung ziehen. Damals brauchte es das alles nicht. Man hat sich auch ohne lange Diskussionen und teure Therapien wunderbar auseinandergelebt.

Schöne Ferien!

Von der Sonne verwöhnt, von Äckern umsäumt, von Wäldern und Wiesen eingelullt. Mit anderen Worten: In Rothenbrunnen, dem kleinen Bündner Dorf, in dem ich aufwuchs, wars schon immer eher langweilig. Das Einzige, was lief, war das Wasser des Rheins und der Lebensmittelladen meiner Eltern.

Wir Dorfkinder waren aber trotzdem zufrieden. Wir hatten zwar nichts, aber davon wenigstens genug. Fernsehen gab es in unserem Dorf auch noch keins, nicht mal schwarz-weiss. Aber dafür gab es ja die Natur, und die begann direkt vor der Haustüre und erst noch in Farbe. Sie galt es zu entdecken und zu erkunden. Natur, Natur, rund um die Uhr! Bald kannte ich jedes Rhabarberblatt persönlich und jeden Hüslischnegg beim Namen. Dann musste ich wieder von vorne anfangen mit meinen Streifzügen durch die Wiesen und Gärten. Irgendwann hatte ich sie dann wirklich durchentdeckt.

Und dann passierte es. Mitte der Sechzigerjahre tauchten in Rothenbrunnen bei meinen Eltern im Laden zwei deutsche Ferienreisende auf: Herr und Frau Scheib aus München. Sie erzählten meinem Vater, dass sie auf der Heimreise aus den Ferien in Italien seien, also zurück nach Deutschland wollten. Damals noch eine Weltreise, und das, obwohl die Strecke genau gleich lang war wie heute. Aber gell, halt alles ohne Autobahn, ohne San-Bernardino-Tunnel, ohne Power unter der Haube und ohne Klimaanlage. Da überhitzten nicht nur die Motoren, auch die Diskussionen im Innenraum der VWs, Opels oder DKWs erreichten regelmässig den Siedepunkt.

Mein Vater erzählte uns beim Znacht von diesen beiden netten Deutschen, die in Italien am Meer Ferien gemacht hätten. Ferien? Wir Kinder, meine Schwester Klara und ich, hatten keine Ahnung, was das bedeuten sollte. Ferien? Wir wussten nicht einmal, wie man das schreibt. Gut, ich war damals knapp sechs und Klara vier, da muss man das auch nicht wissen. Jedenfalls: Am nächsten Tag war Ferien das Hauptthema in den Strassen von Rothenbrunnen. – Also, es gab und gibt bis heute nur eine Strasse in Rothenbrunnen, aber »die Strassen« von Rothenbrunnen tönt einfach besser. Die einzige Strasse im Dorf heisst übrigens Dorfstrasse. Das nur als Detail. – Aber zurück zu den Ferien. Das Wort hatte uns fasziniert. Wir Kinder wollten dieses »Ferien« auch ausprobieren, und zwar sofort! Wir waren gespannt, wie sich das anfühlte. Da kam meinem Vater die Idee, für eine Woche mit mir – beide Kinder wäre für ihn zu anstrengend gewesen – nach Kunkels zu fahren. Eine Männerwoche auf der Alp der Familie Schmid. Das tönte grossartig, selbst in meinen Kinderohren.

Und dann waren wir dort. Zu Hause in Rothenbrunnen lief ja nichts. Aber hier in Kunkels lief sogar noch weniger als nichts. Es lief rein absolut überhaupt gar nichts. Nicht die Bohne. Da war auch nichts, was hätte laufen können. Ausser ein paar Kühen, die planlos herumliefen, und einem Bach, der zielstrebig zum Tal hinauslief. Sogar ihm war es in Kunkels zu langweilig! Und so wars in diesen Ferien dann auch. Langweilig. Natur, Natur und nochmals Natur. Und mein Vater und ich und eine Alphütte. Und ein Holzkochherd, der immer wieder ausging, und ein Holzofen, der überhaupt nicht anging, und ein Vater, der nicht kochen konnte und nicht spielen wollte. Und einem Sechsjährigen eine Geschichte erzählen vor dem Schlafengehen, das schaffte er erst recht nicht. Ja war das denn wirklich zu viel verlangt von einem Fünfzigjährigen! In diesem Alter sollte man doch irgendetwas können! Aber so, wie es schien, konnte er einfach nichts, gar nichts. Nicht einmal dieses »Ferien« konnte er.

Zu seiner Entschuldigung: Es waren nicht nur meine, sondern auch seine ersten Ferien. Und für ihn lief schon etwas. Für ihn hiess »Ferien« wandern, marschieren, spazieren in einem fort. Für mich lief es weniger gut: Ich musste laufen, laufen, laufen, laufen, bis meine kleinen Füsse bluteten. Und das alles nur, weil mein Vater gerne wanderte. Und wohin? In die Natur natürlich! Wohin sonst. Etwas anderes hatte es hier ja nicht ausser Natur. Überall lag sie herum. Unter meinen Füssen fing sie an und ging dann weiter bis zum Horizont, und wahrscheinlich war sie dort noch nicht mal fertig. Sie wusste einfach nicht, wann genug war. Ich wusste es. Es war schon lange genug. Ich hatte es so satt!

Nach einer Woche waren wir wieder zu Hause in Rothenbrunnen. Gott sei Dank! Ich und vor allem meine Füsse waren ziemlich fertig von dieser Tortur in der Natur. Doch etwas hatte ich in dieser Woche immerhin gelernt: dass sich hinter dem faszinierenden Wort Ferien auch etwas extrem Ödes und Fades verstecken kann. Es waren übrigens die ersten und letzten Ferien mit meinem Vater. Ich und meine Füsse bedauern es nicht.

Meine kleine Schwester war immer ein bisschen – also eigentlich nicht ein bisschen, sondern ganz klar – die Nummer zwei. Weil ich halt der Thronfolger war. Aber auch Klara hatte doch einmal Ferien verdient! Zwei Jahre später war es so weit. Diesmal war unsere Mutter dran. Klara und ich durften mit ihr eine Woche in Feldis Ferien machen, bei Familie Tscharner. Der Mann war Postautochauffeur von Feldis. In seinem kleinen, gelben Postauto fuhr er die Route Feldis–Rothenbrunnen und zurück (Rothenbrunnen–Feldis). Sommer und Winter, rauf und runter, vier Mal pro Tag. Und das seit vierzig Jahren. Rechne! Mit etwas Fantasie kann sich jetzt jeder selber vorstellen, was für ein interessanter Mann er war. Immerhin hatte er die Welt zwischen Feldis und Rothenbrunnen gesehen. Seine Frau hingegen hatte in diesen vierzig Jahren gar nichts gesehen und drum auch gar nichts zu erzählen. Jedenfalls redete sie nicht viel. Ob sie vielleicht einfach mehr nachdachte? Ein hübscher Gedanke immerhin.

Feldis ist ein kleines Bergdorf, nur fünf Dörfer oberhalb von Rothenbrunnen. Hier gab es nicht nur Natur wie in Kunkels, sondern noch etwas ganz anderes: Nebel! Am Morgen lag Feldis im Nebel, bis am Mittag. Dann verzog er sich und kam gegen Abend noch einmal. Nebel, das war etwas ganz Neues für mich. Und ich liebte ihn, den Nebel! Man wurde im Nebel unsichtbar. Ich fühlte mich wie Superman oder ein Zauberer: Einfach ein paar Schritte in den Nebel hineingehen, und zack, weg war ich. Nicht nur ich selber war weg, sondern auch die anderen, und zwar alle. Das war fast noch besser. Und die Natur war auch, zack, weg. Endlich einmal nichts! Ein faszinierendes Schauspiel. Also zwei Tage lang. Am dritten Tag war das natürlich bereits kalter Kaffee und damit langweilig.

Das Tagesprogramm meiner Mutter in Feldis war aber etwas abwechslungsreicher als das meines Vaters in Kunkels. Begonnen hat es zwar gleich fad: mit einem Spaziergang am Morgen und einem am Nachmittag. Viel mehr hatte Feldis halt auch nicht zu bieten. Aber dann, vor dem Schlafengehen hat unsere Mutter mit uns gebastelt, und wir durften zeichnen und malen und spielen, und es gab auch jeden Tag eine andere schöne Gutenachtgeschichte. Das war super, denn das kannten wir von zu Hause nicht.

Ein schönes Programm, und das kam nicht von ungefähr. Bevor meine Mutter meine Mutter wurde, war sie gar nicht meine Mutter, sondern Kindergärtnerin in Rothenbrunnen. Dann hat sie meinen Vater kennen gelernt oder er sie, und dann haben sie zusammen geheiratet. Und ich hatte eine Mutter und Rothenbrunnen keine Kindergärtnerin mehr. Der Kindergarten wurde geschlossen für die nächsten fünfzehn Jahre. Ich wuchs also auf ohne Krabbelkrippe, Kitastätte und Kindergarten. Mit anderen Worten, ohne jede vernünftige Sozialisierung. Mit sieben wurde ich total unvorbereitet eingeschult. Heute undenkbar. Es grenzt fast an ein Wunder, dass ich mit dieser Biografie Bäcker-Konditor und nicht Waffenschieber, Drogendealer oder Serienmörder geworden bin.

Ganz am Schluss noch einmal zurück zu den Erfindern der Ferien: Herr und Frau Scheib aus München. Sie haben in den folgenden Jahren bei ihrer Durchreise hin und wieder bei uns haltgemacht und ein paarmal sogar als Urlauber im Gästezimmer übernachtet. Inzwischen fahren sie aber nicht mehr nach Italien. Erstens weil der Verkehr auf der Bernardino-Route in den letzten Jahren doch extrem zugenommen hat, zweitens weil sowieso beide seit über dreissig Jahren im Himmel sind. Dort sei es ja auch ähnlich wie in den Ferien, habe ich mir sagen lassen. Ausser dass man kein Retourbillett lösen kann.

Tat und Tatta in Surava

Die Sprache der Mutter nennt man Muttersprache. So weit, so logisch. Meine Mutter sprach romanisch, folglich ist meine Muttersprache Romanisch, und das, obwohl ich selbst kein einziges Wort Romanisch kann. Das ist etwas weniger logisch. Aber so ganz stimmt es ja auch nicht, denn zwei Worte weiss ich schon: Tat und Tatta. Das heisst Grossvater und Grossmutter.

Tat und Tatta nannten wir die Eltern meiner Mutter, und da meine Eltern sehr spät geheiratet hatten, waren Tat und Tatta uralt. Sie wohnten in einem uralten Haus in einem kleinen Dorf. Es heisst Surava und liegt im Albulatal. Mehr kann man über dieses Dorf eigentlich nicht sagen. Ausser eben, dass dort alles uralt war: Die Leute waren uralt, die Häuser, die Kirche, die Bräuche, alles uralt, selbst das Brot schien mir oft sehr alt. Am Sonntag war es nicht selten ein alter Zopf. In Surava ist aber nichts so alt wie die Kirche, denn die ist aus dem frühen siebzehnten Jahrhundert. Ich glaube, Tat und Tatta waren beim Bau und bei der Einweihung sogar dabei. Aber beschwören könnte ich das jetzt also nicht.

Ab und zu wurde ich von meinen Eltern für eine Woche nach Surava verfrachtet. Wieso genau, wusste ich nie. Und wieso immer allein, ohne meine Schwester, auch nicht. Es interessierte mich auch nicht. Für mich war diese Zeit in Surava nicht besonders schlimm, aber auch nicht etwas, worauf ich mich besonders gefreut hätte. Ich war weit weg von meinen Spielkameraden, ziemlich allein und wohnte bei zwei uralten Leuten, die romanisch sprachen. Die ganze Zeit. Ich sass daneben und verstand kein Wort, nichts. Und geschlafen habe ich auch schlecht. In einer winzigen Kammer, die war nicht nur uralt, sondern auch eiskalt. Und das erstaunlicherweise sogar im Hochsommer. Und Kinder zum Spielen in meinem Alter hatte es auch so gut wie keine. Und wenn man nach einer Woche endlich ein paar gefunden und sich mit ihnen ein bisschen angefreundet hatte, wars schon wieder Zeit zum Abreisen. Mist! Nein, ein Spass waren diese Ferien nicht, eine Strafe aber auch nicht. Es war so etwas in der Mitte. Also wie das meiste im Leben. Ich war jedenfalls jedes Mal froh, wenn mich mein Vater nach einer Woche wieder abholte.

Zum Glück waren diese Surava-Ferien ein relativ seltenes Vergnügen, denn die Strasse ins Albulatal war ebenfalls uralt und ausserdem holprig und voller Schlaglöcher. Es war für meinen Vater eine lange und mühsame Fahrt. Das änderte schlagartig, als Anfang der Siebzigerjahre die neue Strasse gebaut und eröffnet wurde. Vielen Dank! Jetzt waren wir im Handumdrehen in Surava, und ich durfte mich mindestens doppelt so oft bei Tat und Tatta, den beiden Tattergreisen, langweilen. Dass eine grössere Mobilität auch massive Schattenseiten hat, lernte ich also bereits mit zehn.

An vieles kann ich mich nicht mehr erinnern, aber an etwas schon, denn einmal habe ich in Surava richtig für Wirbel gesorgt und das halbe Dorf aufgemischt. Ich kam vom Spielen am Bach unten und lief barfuss auf der uralten Strasse durchs uralte Dorf zum uralten Haus meiner Grosseltern. Die Leute wussten alle, wer ich war. Der herzige Enkel von Tat und Tatta, also von Michel und Klara. Eine Frau sprach mich an. Ich kannte sie. Sie war gar nicht so alt und an sich ganz nett. Sie nervte einfach mit ihrer etwas aufgesetzten Freundlichkeit und ihrer übertriebenen Fragerei.

»Jo luag au do! Wen haben wir denn da?«

»Grüezi, Frau Hefti.«

»Der Rolfli aus Rothenbrunnen!«

»Ja.«

»Bist wieder mal bei uns in Surava?«

»Ja.«

»Und hast das schöne Wetter gleich mitgebracht?«

»Mhm.«

»Und jetzt geniesst du deine Ferien?«

»Nein, überhaupt nicht.«

»Nei säg au, so öppis!«

»Weil, wissen Sie, Frau Hefti, es sind nämlich gar keine Ferien dieses Mal.«

»Ja aber wieso denn nicht?«

»Es ist so, Frau Hefti, ich bin hier in Surava, weil ... meine Eltern haben sich getrennt.«

Das war zwar frei erfunden, aber trotzdem eine gute Antwort, denn Frau Hefti stellte ab sofort keine Fragen mehr. Aber ganz grosse Augen machte sie – und das war nicht das Einzige, was sie machte.

Einen halben Tag später wusste das ganze Dorf von der vermeintlichen Trennung meiner Eltern. Es war *das* Thema in Surava: Ja ist denn das die Möglichkeit! Conradin und Josefina Schmid, dabei schien doch alles gut! Gegen aussen halt, alles Fassade! So ein Jammer! Und das Geschäft läuft doch? Die armen Kinder! Ist er denn ... ab? Oder am End sogar sie, weil er so viel älter ist? Fünfzehn Jahre immerhin! Ich hätte ihn ja auch nicht genommen, wenn du mich fragst. Und so weiter.

Am Abend kamen die Ausläufer dieser höchst dramatischen Familientragödie dann auch bei Tat und Tatta an. Die wussten natürlich, dass von Trennung keine Rede sein konnte. Ganz im

Gegenteil, meine Eltern gönnten sich gemeinsam ein paar Tage Ferien im Berner Oberland. In trauter Zweisamkeit, ohne Kinder. Das war auch der Grund, weshalb sie mich nach Surava gebracht hatten.

Und jetzt, wie gings weiter? Tat und Tatta waren streng katholisch, und ihr Enkel hatte gelogen, dass sich die Balken bogen. Ich war zwar reformiert, also kein Mitglied der allein selig machenden Kirche, aber so konfessioneller Kleinkram interessierte im Moment grad niemanden. Tatta nahm mich bei der Hand, und ich musste mit ihr in die Kirche Sogn Gieri. Dort las sie mir die Leviten. Vor dem riesigen, dunklen Barockaltar mit dem vielen Gold und den gewaltigen Säulen. Da sass ich kleiner Furz auf der abgewetzten Holzbank im Angesicht des Allmächtigen. Und dann gings los und richtig zur Sache: Dass man nicht lügen dürfe, hat Tatta gesagt. Sonst schmore man später im Höllenfeuer, und dort sei es sehr heiss, heisser als im Ofen in der Backstube des Vaters. Nein, das Risiko söttiger Höllenqualen wollte ich auf gar keinen Fall eingehen. Ich habe Tattas Predigt darum ohne Murren über mich ergehen lassen und auch immer demütig Ja oder auch Nein gesagt an den entsprechenden Stellen: »Rolf, du weisst, dass Lügen eine Todsünde ist?« – »Ja, Tatta!« – »Du weisst, was mit Kindern passiert, die lügen?« – »Ja, Tatta!« – »Die holt der Teufel. Und dann kommen sie in die Hölle.« – »Ja, Tatta!« – »Da willst du doch nicht hin?« – »Auf keinen Fall, Tatta!« – »Du wirst doch nicht mehr lügen, oder?« – »Nein, Tatta!« – »Versprichst du mir das?« – »Ja, Tatta!« Und so weiter und so fort. Das hier war jetzt die Kurzversion. In Wirklichkeit ging die ganze Litanei mindestens zehnmal so lange. Obwohl mit drei Sätzen ja eigentlich alles gesagt war. Aber eben, das gebetsmühlenartige Wiederholen hat halt schon eine gewisse Wirkung. Bei mir jedenfalls hats damals funktioniert.

Irgendwann war dann aber auch gut. Selbst für Tatta. Ich hätte am Schluss dieser katholischen Hirnwäsche wahrscheinlich in eine Zigarettenschachtel gepasst. Zum Glück habe ich mitgespielt, sonst, wer weiss, wäre der nächste Schritt vielleicht ein Telefonanruf in Chur gewesen, und Bischof Johannes hätte seinen Exorzisten auf den Weg nach Surava geschickt: Vade retro, Satanas! Der Teufelsaustreiber kam Gott sei Dank nicht, trotzdem war die Geschichte noch nicht ganz ausgestanden. Ein paar Tage später, meine Ferien waren zu Ende, kam mich mein Vater abholen. Die Wolken auf seiner Stirn verrieten schon das aufziehende Gewitter. Im Auto entlud es sich dann, war aber weit weniger schlimm, als ich befürchtet hatte. Die Fahrt nach Rothenbrunnen bestand aus einem emotionalen Wechselbad zwischen eisigem Anschweigen und halbherzigem Zusammenstauchen. Und da aller guten Dinge bekanntlich drei sind, wartete zu Hause, nach Tatta und Papa, als Krönung noch die Königinmutter, die mir mit dem inbrünstigen Feuer ihrer katholischen Seele ebenfalls ellenlang ins Gewissen predigte. Dabei hatte ich es ja längst begriffen. Um Himmels Christi willen, was für ein Theater wegen eines einzigen Satzes!

Etwas habe ich damals, vielleicht unbewusst, gelernt: Mit einer erfundenen Geschichte, und sei sie auch nur einen Satz lang, kann man einen unglaublichen Effekt erzielen. Dabei spielt es keine Rolle, ob man die Geschichte einer neugierigen Frau auf der Strasse oder vor zweitausend Zuschauern auf der Bühne erzählt. Vielleicht wurde ich in jenem Sommer in Surava zum Geschichtenerzähler. Damals habe ich jedenfalls angefangen, die Leute mit erfundenen Situationen und Geschichten zu unterhalten, und nicht mehr damit aufgehört. Und der Teufel hat mich nicht geholt. Bis heute. Aber wie sagte schon John Wayne in »The Searchers«: »Der Tag wird kommen.«

Alles über Unterhosen

Ein wunderschöner Wintertag. Es war neun, und ich war zehn oder elf und sass mit meinen beiden Freunden Peter und Johann Martin auf der Rückbank im Saab meines Vaters. Unsere Skier hatte er aufs Dach geschnallt. Wir waren unterwegs Richtung Sarn, einem Dorf am Heinzenberg. Dort gab es einen kleinen Lift und eine kurze Piste. Mein Vater war ein guter Skifahrer und zeigte uns am Vormittag allerhand Tricks, um schneidiger zu bremsen und schnittiger um die Kurven zu flitzen.

Wir Buben hatten gerade den Reiz des Schanzenspringens entdeckt und bauten am Nachmittag eine kleine Schanze. Das war gar nicht so einfach, wie wir gedacht hatten. Der frische Schnee war viel zu pulverig. Kaum war der Erste über die Schanze gefahren, war die ganze Arbeit schon wieder futsch. Schliesslich schafften wir es, mit altem, ganz schwerem Schnee eine Schanze zu konstruieren, die nicht beim ersten Drüberfahren schon auseinanderfiel. Sie war schwindelerregende vierzig Zentimeter hoch. Was der Schanze an Höhe fehlte, mussten wir also mit Absprungtechnik wettmachen. Klar wollte jeder von uns der Beste sein, also am weitesten springen. Ebenfalls klar, wer diesen Wettbewerb gewonnen hat. Und zwar mit Abstand. Ich sprang an diesem sonnigen Wintertag vom Sarner Schanzentisch bis auf den Behandlungstisch im Regionalspital Thusis.

Die sagenhaften zwei Meter zwanzig von Johann Martin, dem Rekordhalter, waren natürlich eine Ansage. Beim Versuch, sie zu überbieten, setzte ich darum alles auf eine Karte und probierte einen revolutionär neuen Stil. Der Absprung gelang mir perfekt. Ich verliess die inzwischen auf knapp fünfundzwanzig Zentimeter geschrumpfte Schanze und flog davon wie ein Adler – im Tiefflug und kurz danach im Sturzflug, bis es knallte und krachte. Nein, Sicherheitsbindungen gab es damals noch keine. Und so wollte der linke Ski einfach ums Verrenken an meinem Fuss bleiben. So kam, was kommen musste: In meinem ledernen Skischuh knackste es so laut, dass es sogar meinen beiden Freunden durch Mark und Bein ging.

Und ich lag da, aussen voll Schnee und innen voll Schmerz. Mein Vater, der uns aus einiger Distanz zugeschaut hatte, kam an den Ort des Geschehens:»Komm schon, Rolf, sei ein Mann, so schlimm kanns ja nicht sein! Und schrei doch nicht so rum, die Leute schauen ja schon!« Er meinte es gut. Er packte mich mit seinen starken Händen, hob mich aus dem Schnee und stellte mich wieder auf die Füsse. Voilà! Augenblicklich durchzuckte mich ein stechender Blitz von meinem linken Fuss bis in mein Hirn. Mir wurde schlecht, ich fiel wieder hin. Da sah mein Vater ein, dass ich kein Fall für eine Moralpredigt, sondern ein Kandidat für den Rettungsschlitten war.

Er half mir vorsichtig aus den Skiern und organisierte den Mann mit dem Rettungsschlitten. Der musste irgendwo auf einer Sonnenterrasse zuerst seinen dritten oder vierten Kafi Lutz versorgen. Ich wartete lange, sehr lange. Und während ich wartete, fragte ich mich das, was man sich eben fragt, wenn ein Unglück oder ein Unfall einen plötzlich aus der alltäglichen Gemütlichkeit reisst: Wieso grad ich? Wieso grad jetzt? Wieso kann man die Zeit nicht zurückdrehen und es ungeschehen machen? Wieso, wieso, wieso … Viel mehr als diese philosophische, ja beinahe metaphysische Problematik quälte mich aber eine ganz andere, viel menschlichere Frage: Wieso habe ich heute Morgen keine frischen Socken und vor allem – und Freunde, jetzt kommts! – wieso keine frischen Unterhosen angezogen? Wieso, wieso, wieso? – Was die jüngeren Leser in diesem Zusammenhang vielleicht noch wissen müssen: Farbige Unterwäsche war in den Sechzigerjahren noch kein Thema. Unterwäsche war damals immer weiss. Also wenn sie frisch war.

Ich sah das kafkaeske Szenario schon vor mir. Bald würde ich im Regionalspital Thusis liegen in einem turnhallengrossen, weiss gekachelten Raum, hell und erbarmungslos ausgeleuchtet auf einem eiskalten harten Schragen. Ringsum ein riesiger Kreis von Ärzten und Schwestern in strahlend weissen Kitteln und blütenweissen Schürzen. Sie würden zuerst auf mich und dann auf meine weissen Unterhosen starren. »So ein Ferkel!«, würde der Chefarzt sagen. Und die Assistenzärzte würden nicken, wie immer, wenn er etwas sagte. Und die Krankenschwestern würden nichts sagen, aber ihre hübschen Gesichter verziehen und sich angewidert abwenden. Nein, dafür hatten sie keinen Pflegeberuf gewählt, dafür bestimmt nicht! Und ins allgemeine Getuschel hinein würde eine von ihnen ganz laut »Du Grüsel!« rufen. Je länger ich daran dachte, desto deutlicher und detaillierter sah ich das Bild, und ich bekam es immer mehr mit der Angst zu tun.

Dabei wäre das alles ja zu vermeiden gewesen. Meine Mutter hatte es schliesslich wieder und wieder und wieder wiederholt: »Rolf, zieh noch frische Unterhosen an!« Und ich hatte dann gefragt: »Wieso?« Und sie hatte gesagt: »Für den Fall, dass du einen Unfall hast und als Notfall ins Spital musst. Damit du dich nicht schämen musst.« Gemeint hat sie natürlich, damit sie sich nicht schämen muss. Ja klar, auf wen fällt es zurück, wenn ein Kind mit dreckigen Unterhosen eingeliefert wird? Auf die Mutter natürlich, ist ja logisch! Und auch richtig. Ach, diese Mütter! Sie nerven zwar, aber – wie man an dieser Geschichte sieht – am Schluss haben sie meistens immer recht. Ja was jetzt! Meistens oder immer? Ich lag auf dem Rettungsschlitten, wenig später im Rettungswagen und kurz darauf im Regionalspital. Dort wurde mein Fuss als Erstes geröntgt. Die gute Nachricht: Ich musste meine Unterhosen nicht ausziehen, und sie sahen auch gar nicht so übel aus. Die schlechte Nachricht: Mein Knöchel war hinüber. »Also ist er gebrochen?«, fragte ich. »Ja genau, eine Luxationsfraktur«, sagte Dr. Scharplatz. Immer müssen sie einem ihr Latinum unter die Nase reiben, diese Mediziner. Und wie gings nun weiter? Damals waren Metallplatten, Drähte, Nägel und Schrauben noch nicht so in Mode. Die Ärzte waren noch keine Schlosser, sondern eher Gipser. Also wurde mein linker Fuss einfach sauber gewaschen, sauber ausgerichtet und irgendwie eingegipst.

Vier Monate im Gips statt in der Schule. Bravo! Ich konnte dem Stoff kaum folgen, wenn ich anwesend war, vier Monate zu Hause würden mich weiter zurückwerfen. Immerhin bekam ich regelmässig meine Hausaufgaben. Ich bekam sie, und Sefa, unser Kindermädchen, erledigte sie. Also alles wie gehabt. Das war natürlich auch nicht unbedingt zielführend im Hinblick auf die bald anstehende Sekprüfung.

Nach drei Monaten sollte ich einen Gehgips bekommen. Dazu musste ich zum Glück nicht ins Spital. Dr. Bürge, unser Hausarzt, kam zu uns nach Hause. Und da es angekündigt war, hatte ich bei diesem Termin natürlich blitzsaubere Unterwäsche an. »Wo sollen wir?«, fragte Dr. Bürge. »Vielleicht am besten in der Küche«, sagte meine Mutter. Wir gingen zusammen in die Küche, sie holte eine Wolldecke und legte sie auf den leer geräumten Küchentisch. Der Doktor stellte seine ziemlich gebeutelte, schwarze Arzttasche auf einen Hocker, zog den Mantel aus und schlüpfte in seinen weissen Arztkittel. Wenn schon, denn schon. »So, dann wollen wir mal schauen!«, sagte er im Pluralis medicinalis und begann sorgfältig, meinen Gips aufzuschneiden. Ich lag auf dem Küchentisch, hatte ein Sitzkissen unter dem Kopf, schaute an die Decke und bemerkte Dinge, feine Risse und kleine Flecken, die ich noch nie gesehen hatte. Stück für Stück schnitt der Medizinmann den Gips vom Bein. Es tat natürlich nicht weh, sondern war eine Erleichterung. Jetzt hatte er den Schnitt von oben bis unten fertig. »So, perfekt, das hätten wir«, sagte er und nahm den Gips weg. Dann schaute er auf meinen Fuss und sagte: »Oha, oha, oha!«

Ich setzte mich auf und erschrak, denn jetzt sah ich es auch: Mein linker Fuss schaute nicht nach vorne, sondern war verdreht zusammengewachsen und schaute jetzt nach innen. Und zwar ziemlich massiv.

»Mein Fuss ist ja ganz schräg!«, sagte ich.

»Das ist egal«, sagte Dr. Bürge.

»Mir nicht«, sagte ich.

»Keine Sorge, Rolf, das bekommen wir mit einer Therapie wieder hin. Das grössere Problem ist, dass dieses Bein jetzt kürzer ist als das andere. Schätze, das sind sicher drei Zentimeter.«

»Und jetzt, wie weiter?«, fragte mein Vater.

»Schwierig, denn für ein zu kurzes Bein gibt es keine Therapie. Leider. Aber wir könnten das Ganze einfach nochmals brechen und neu gipsen«, sagte Dr. Bürge. Schon beim Gedanken daran, ja bereits beim Wort »brechen« wurde mir schwarz vor Augen.

Ich musste dann in eine Therapie, wo mein Fuss wieder lernte, wo es langging. Da man das beim Gipsen zu kurz geratene Bein therapeutisch nicht verlängern konnte, bekam ich Schuhe mit dicken Absätzen. Das war noch vor der Glam-Rock-Ära. Ich sah darin also nicht so cool aus wie Ziggy Stardust, sondern eher wie ein verschupftes klumpfüssiges Knechtli aus einer Gotthelf-Novelle. Ich wurde deswegen in der Schule auch hin und wieder gehänselt und habe mich dann geschämt wie ein einbeiniger Pirat. Obwohl dieser Vergleich natürlich etwas hinkt. Irgendwann konnte ich dann Einlagen tragen, und man sah nicht mehr auf den allerersten Blick, dass ich ein etwas zu kurzes Bein hatte.

Etwas habe ich noch ganz vergessen vor lauter Unterhosen: Als ich auf den Rettungsschlitten gezurrt und von Herrn Kafi Lutz nach Sarn zum Krankenauto geholpert wurde, sah ich meinen Vater am Pistenrand stehen. Mit einer Hand winkte er mir zu, in der anderen hielt er seine verbogenen Skistöcke und seine gebrochenen Holzskier, also das, was davon noch übrig war. Sah aus wie etwas zu langes Brennholz. Es war offensichtlich einfach nicht unser Tag.

Theater beim Psychiater

»Mit dem Buab stimmt doch öppis nid«, sagte mein Vater mehr zu sich selber als zu meiner Mutter, als er das himmeltraurige Resultat meiner verpatzten Aufnahmeprüfung sah. Wie war das bloss möglich? Ein Schmid, und er schaffts nicht mal ansatzweise in die Sekundarschule! Mein Vater war am Ende mit seinem Latein. Also fuhren wir nach Chur zu einem, der besser Latein konnte. Er hiess Dr. Casparis, war Psychiater und sollte herausfinden, ob und wie man aus mir noch etwas Brauchbares, also zum Beispiel einen Bäcker-Konditor, zurechtbiegen konnte. Dass dieses Unterfangen auch scheitern könnte, war für meinen Vater nie eine Option. Für mich eigentlich schon.

Es war ein später Nachmittag im Herbst. Das Büro von Dr. Casparis wurde wohl selten, wahrscheinlich sogar nie gelüftet. Ich konnte die Angst der Kinder und die schwitzende Ratlosigkeit der Eltern, die vor uns dort waren, beinahe riechen. Dr. Casparis sass hinter seinem überladenen Schreibtisch. Als wir eintraten, stand er auf und gab meinem Vater die Hand. Dann verschanzte er sich wieder hinter den Stapeln von Formularen, Zettelkästen und Rezepten. Ein älteres Semester, dessen grösste Qualifikation wahrscheinlich seine jahrzehntelange Erfahrung war. Aber mir machte er trotzdem ziemlich Eindruck: Mit seinem etwas schütteren, sorgfältig nach hinten gekämmten, grauen Haar und seiner starken Brille strahlte er in meinen Augen etwas ganz Besonderes aus. Damals dachte ich, es sei so etwas wie grosse Gelassenheit, im Nachhinein weiss ich, es war einfach nur grenzenloses Desinteresse.

Mein Vater ging wieder. Jetzt war ich mit Sigmund Freud allein und musste ein paar schriftliche Aufgaben lösen. Anschliessend musste ich Fragen beantworten, deren Antworten dann ihrerseits hinterfragt wurden. Was dann zu weiteren Fragen führte, deren Antworten natürlich auch wieder zum Thema wurden. Und so weiter und so fort. Das Ganze war etwas zwischen raffinierter Verwirrtaktik und reiner Zeitverschwendung. Schliesslich war der Rorschachtest dran. Aber egal, welches Bild Dr. Casparis zückte und zeigte, ich sah immer ungefähr dasselbe: Drachen und Teufel, Zerstörung und Apokalypse. Den Psychiater konnte ich mit meinen horriblen Visionen nicht aus der Reserve locken. Es schien ihn nicht im Geringsten zu beunruhigen, ja nicht einmal richtig zu beschäftigen. Er sagte immer nur:»Mhm, mhm.« Und zeigte mir nach einer Weile den nächsten Klecks:»Ich sehe hier in der Mitte zwei Teufel mit glühenden Augen, die einen Drachen zerfetzen, der feuerspeiend in die Tiefe der untersten Hölle stürzt.« –»Mhm, mhm.« Dann schaute Dr. Casparis, wie wenn er kurz nachdenken müsste, zur Decke und machte sich eine kurze Notiz mit seinem gelben Bleistiftstummel. Ich war ganz sicher, diese Notizen hatten nichts mit mir zu tun. Wahrscheinlich schrieb er den Postizettel für seinen Einkauf nach Praxisschluss.

Dr. Casparis. Er war da, aber ich war ihm egal, ihn interessierte das alles nicht. Ich war auch da, mich interessierte das Ganze genauso wenig. Wir hatten eine Gemeinsamkeit. Zusammen zogen wir es eine Stunde lang durch und wussten beide, dass es nichts als eine dumme Farce war. Damals verstand ich, dass man als Kind nicht viel zählt. Ich begriff, dass es nicht reichte, auf der Welt zu sein, zufrieden mit seinem bedeutungslosen Leben. Nein, das war alles nicht relevant. Man musste schon als Zwölfjähriger irgendwelche Normen der Grossen erfüllen, um dann von eben diesen Erwachsenen auf Wege und zu Zielen geschickt zu werden, die einem nicht das Geringste bedeuten. Ach!

Ganz alles war bei mir schon nicht in Ordnung, irgendetwas war da defekt. Zu dieser Schlussfolgerung gelangte jedenfalls Dr. Casparis. Musste er fast gelangen, schliesslich wollte er ja noch eine schöne Rechnung schicken. Und die wäre natürlich hinterfragt worden, wenn er absolut nichts gefunden und aufgeschrieben hätte. Das wusste er aus seiner langjährigen Erfahrung. Ausserdem verpflichtet der zweite Punkt des hippokratischen Eids die Ärzte, nicht nur zu helfen, sondern auch immer etwas zu finden, wenn sie etwas untersuchen, und immer etwas zu verschreiben, wenn sie etwas finden.

Schliesslich diagnostizierte Dr. Casparis dann das, was mein Lehrer, mein Vater, meine Mutter, meine Sefa und selbst ich seit mehreren Jahren wussten und was man seit der verpatzten Aufnahmeprüfung sogar schwarz auf weiss hatte: Ich war alles andere als ein Hirsch, wenns ums Schreiben ging. Und ich war auch kein toller Hecht, wenns ums Rechnen ging. Das wars auch schon an tieferen Erkenntnissen.

Ich selbst hatte damals nie das Gefühl, nicht zu genügen. Ich konnte alles, was man als Zwölfjähriger so brauchte. Was ich damals nicht bedachte: Man kann nicht sein Leben lang zwölf bleiben. Das geht allerhöchstens ein Jahr. So gut rechnen konnte ich schon. Ein Jahr, und dann muss es weitergehen. Ich wollte das damals gar nicht. Aber mein Vater war von der Idee, dass es mit mir schneller weitergeht, beinahe besessen. Heute weiss ich auch, warum. Das Ganze ist ironischerweise eine Rechenaufgabe. Und die geht so: Ein Mann besitzt eine Bäckerei. Er ist sechsundfünfzig Jahre alt und wird jedes Jahr ein Jahr älter. Sein Sohn ist zwölf Jahre alt. Auch er wird jedes Jahr ein Jahr älter, kommt aber trotzdem irgendwie nicht so recht vom Fleck. Der Mann möchte in neun Jahren in den Ruhestand gehen. Rechne! – Oder für alle Rudolf-Steiner-Schüler: Zeichne einen Sack Mehl und singe ein Lied dazu! War das jetzt noch nötig? Nein.

Im Schatten des Säntis

Wenn man etwas Geld hat, ist hierzulande alles halb so schlimm. Das war schon früher so. Nachdem ich die Sekprüfung mit Bravour an die Wand gefahren hatte, steckte mich mein Vater in ein Internat. Er hoffte, nach ein paar Semestern käme dann ein besserer Rolf heraus. Genormt und geformt für die dreijährige Lehre in der Backstube. Ganz die Sicht des Bäckers, der einen bleichen Teig in den Ofen schiebt und nach fünfundvierzig Minuten ein knuspriges Pfünderli in den Händen hält. Das war die Idee dahinter. Rolf, vom Teigling zum Lehrling.

Das Knabeninstitut, in dem diese wundersame Metamorphose geschehen sollte, hiess Kräzerli und befand sich auf der Schwägalp. Wenn man von der Passhöhe Richtung Urnäsch hinunterfährt, sieht man das ehemalige Knabeninstitut heute noch. Es befindet sich schattenhalb, also auf der linken Talseite, in einer Waldlichtung und besteht aus einem Haupthaus, einem Schulhaus und zwei weiteren, etwas kleineren Holzgebäuden.

Als meine Eltern mich das erste Mal dorthin brachten, mussten wir unser Auto an der Hauptstrasse abstellen und von dort einen schmalen Weg zu Fuss gehen. Zuerst in eine Schlucht hinunter und dann auf der anderen Seite wieder steil hinauf. Es war einfach nur schlimm. Meine eigenen Eltern brachten mich weg! Ich hatte einen Klumpen im Bauch, und jeder Atemzug und jeder Schritt tat mir weh im Herz. Es war zu viel. Ich war durcheinander und wusste kaum noch, was fühlen. Nur etwas wusste ich: Es war einfach nicht recht. Ich war doch erst zwölf.

Als wir, mein Vater, meine Mutter und ich, die Lichtung erreicht hatten, kam uns Fräulein Züger entgegen und begrüsste uns mit ihrer leisen Stimme. Sie war im Alter meines Vaters, ging also gegen die sechzig. Sie war dünn, trug einen langen, dunklen Rock und darüber eine lange, dunkle Arbeitsschürze. Alles an ihr war irgendwie farblos, freudlos, lang und dunkel. Nein, Fräulein Züger war kein Bergkristall, sie war ein Nachtschatten. Ihr wachsbleiches, von allen Gefühlen leer geräumtes Mädchengesicht mit den blassen Augen war ohne Glanz. Die grauen, kurz geschnittenen Haare hatte sie blond gefärbt, verzweifelt und vergebens. Sie wusste es selber, und das war vielleicht das Traurigste daran. Sie war hier Heimleiterin seit vielen Jahren und würde es für immer bleiben. Sie war schon zu lange allein, und der Schatten des Säntis war bis in ihr Herz gefallen.

Mir hat das seltsame Fräulein nicht gefallen. Mir hat der Ort nicht gefallen. Mir hat einfach gar nichts gefallen. Nicht ein bisschen. Aber das interessierte niemanden, und ausserdem war das erste Semester bereits bezahlt. Achttausend Franken. Das war kein Pappenstiel für meinen Vater. Ach, immer rede ich nur von meinem Vater! Meine Mutter war an diesem denkwürdigen Tag natürlich auch dabei. Sie spielte aber wie fast immer keine Rolle. Jedenfalls keine Hauptrolle. Ich kann mich nur noch an ein unterdrücktes Schluchzen und die leise Verzweiflung in ihren Augen erinnern. Es hatte alles keinen Einfluss auf gar nichts.

Mein Vater verabschiedete sich von Fräulein Züger, offensichtlich selber froh, wieder von da wegzukommen. Meine Mutter drückte mich noch einmal ganz innig und versuchte, nicht zu weinen. Was ihr nicht gelang. Dann gingen die beiden. Ich schaute ihnen nach. Sie stiegen ins Tobel hinab und auf der anderen, der sonnigen Seite wieder hinauf, zurück ins Leben. Und ich blieb in dieser Hölle der kindlichen Einsamkeit. Am liebsten wäre ich einfach tot umgefallen. Da mir das nicht gelang, musste ich die »kleine« Einführung in die Hausordnung von Fräulein Züger über mich ergehen lassen. Ich glaube, das ging fast eine Stunde. Wie lange wohl die »grosse« Einführung in die Hausordnung dauerte? Jedenfalls, nach dieser kleinen Ewigkeit durfte ich mich verabschieden. »Also dann, Rolf, herzlich willkommen bei uns im Kräzerli«, wiederholte sie ein weiteres Mal und streckte mir ihre schmale Hand mit den mageren Fingern entgegen wie einen leeren Handschuh. Was ich berührte, fühlte sich so fremd an, als wäre sie gar nicht wirklich da.

Anschliessend begleitete sie mich zu meinem Zimmer, und ich lernte meine künftigen Kameraden kennen. Die meisten schienen ganz in Ordnung zu sein. Ich gehörte einfach noch nicht dazu. Das konnte und musste man natürlich ändern, und zwar schleunigst. Es wurde dann auch nicht lange herumgefackelt. Am selben Abend musste ich das Aufnahmeritual über mich ergehen lassen. Die Älteren hatten alles schon vorbereitet. Sie hatten die kleinen Fäden der Innenseite von Bananenschalen getrocknet und mit etwas Tabak vermengt. Diese legendenumrankte Mischung wartete jetzt in einer kleinen Pfeife. Randvoll und angedrückt, damit es später gut und lange brannte.

Bevor die Zündhölzli zum Einsatz kamen, wurde mir noch ein Haufen Zeug erklärt: Wer das Sagen hatte, zum Beispiel. Und wer gleich danach kam und danach. Und dass ich natürlich gar nichts zu sagen hatte. Im Moment jedenfalls. Logisch, als Neuer war ich ganz unten in der Hackordnung. Also ein Viererzimmer am Anfang. Das begehrte Zweierzimmer musste ich mir verdienen. Das hiess, die Fresspäckli von zu Hause abgeben, nach dem Duschen den Anführern die Haare föhnen und ab und zu ein Päckli Zigis rausrücken. Letzteres war besonders herb, denn man wollte ja selber etwas zu rauchen und eine kleine Freude haben in dieser traurigen Zeit. Ausserdem war es gar nicht so einfach, Zigaretten zu kaufen als Zwölfjähriger. Wie hatte mein Schulfreund Willi Moser das nur gemacht mit achti? Ich stand damals auf Brunette. Und rauchte natürlich die richtigen. Die starken im roten Päckli mit ganz schön viel Nikotin und Teer. Wenn schon, denn schon. Ich schweife wieder einmal ab. Wir sind ja eigentlich noch mitten im Aufnahmeritual.

Also, irgendwann war alles gesagt, und es gab kein Zurück mehr. Die Pfeife mit den Bananenschalen wartete. Das war quasi der spirituell-rituelle Teil des Initiationsprozederes. Ich musste beweisen, dass ich kein Weichei war. Sigi, einer der Chefs, reichte mir die Pfeife und ein Schächteli Zündhölzli. Ich zündete den brennbaren Bananenshake an und versuchte, nicht zu husten. Vergeblich. Mit zwei, drei Zügen wars natürlich nicht getan. Ich musste das Pfeifchen leer rauchen. Zugegeben, es war nicht sehr gross, aber mir hats mehr als gereicht. Mir wurde fast augenblicklich schlecht. Und das war erst der Anfang. Langsam begann sich in meinem Kopf alles zu drehen. Bunt und schnell wie ein Karussell. Mein Hirn fühlte sich an wie in einer Salatschleuder. Ab und zu blitzte es grell, und dann fing ich an, diese Farben zu sehen. Farben, die ich vorher und nachher nie mehr gesehen habe. Ich weiss bis heute nicht, was in dieser speziellen Kräzerli-Mischung sonst noch alles drin war, aber die Bananenschalen waren ganz bestimmt nicht der Grund für meine Reise ins bunte Land der halluzinogenen Farben. Wer weiss und was solls! Ich bin ja nicht gestorben auf diesem Trip. Einzig meine unbeschwerte Kindheit begann von diesem Tag an, den Bach runterzugehen. Schnell und unaufhaltsam.

Ich glaube, es gibt nichts, was Menschen mehr verbindet als gemeinsames Unglück, und so war ich augenblicklich aufgenommen und einer von ihnen. Wir alle waren nicht freiwillig hier, wir alle sind abgeschoben worden, wir alle waren nicht getragen vom Geist unseres Wissensdurstes, sondern vom Geld unserer Väter. Zum Glück gewöhnt man sich an alles. Und irgendwann ist es dann nicht mehr so schlimm oder fühlt sich wenigstens nicht mehr so schlimm an. So war es auch im Kräzerli.

Das war in den Siebzigerjahren. Wir trugen alle Schlaghosen, hörten Status Quo, Sweet, Slade, Gary Glitter und Suzi Quatro. Alle ausser Beat. Er war auf eine unsympathische Art anders. Er hörte ausschliesslich Frank Sinatra. Ab und zu noch Frank Sinatra und manchmal auch Frank Sinatra. Die ganze Zeit. Er wusste alles über Frank Sinatra. Er war Frank Sinatra. Er hatte natürlich auch alle Platten. Oft hatte er auch an seinem Velo einen Platten, denn wir mochten ihn nicht. Ja, so waren wir zu ihm: hart, aber hässlich. An dieser Stelle: Sorry, Beat! Too little, too late. Ist mir schon klar.

Nach zwei langen Jahren im Schatten des Säntis war diese dunkle Zeit für mich zu Ende. Ich durfte weg. Endlich. Was für eine Erlösung! Vier Jahre später war auch für Fräulein Züger Feierabend. Das Knabeninstitut Kräzerli wurde geschlossen. Natürlich nicht grundlos: Disziplinarmängel, Drogendelikte, Übergriffe. Das volle Programm. Die kantonale Behörde drehte den Schlüssel, und die Institution war Geschichte. Es war keine gute.

Die Herisau-Liste

Ach, dieses Heimweh, wie quälte es mich damals im Knabeninstitut im Alpstein! Ich war ja erst zwölf und durfte nur einmal pro Quartal ein Wochenende nach Hause. Also nur alle drei Monate. Das war nicht viel. Viermal im Jahr. Und wenn man so fest Heimweh hatte wie ich, war es viel zu wenig.

Zum Glück gab es die Tagesausflüge. Zwischendurch musste man uns Rasselbande rauslassen, sonst hätten wir wohl zu randalieren begonnen. Also stand alle drei Wochen ein Tagesausflug auf dem Programm. Das war nicht nur eine schöne Abwechslung für uns Zöglinge, sondern auch ein schönes Druckmittel für unsere Lehrkräfte: »Ihr wollt doch nicht, dass wir euch den Tagesausflug streichen müssen.« Ein Hoch auf die schwarze Pädagogik!

Wenn man, wie wir im Kräzerli, mitten in der Natur lebte, wäre ein Ausflug in die Natur natürlich absurd gewesen. Der Ausflug musste in die Zivilisation führen. Das war die Abwechslung. So schlau waren unsere Lehrer immerhin, und das Zivilisierteste in der Nähe war Herisau. Das sagt ja schon einiges, also eigentlich alles.

Bis Urnäsch fuhren wir jeweils mit dem Postauto, und von Urnäsch nach Herisau nahmen wir den Zug. Und dann fielen wir in Herisau ein wie eine Bande gesetzloser Gringos aus einem schlechten Spaghettiwestern: fünfzig Schüler, die keine Grenzen kannten, und drei Lehrer, die keine Chancen hatten.

Auf einem dieser Ausflüge waren wir alle so aufgedreht, dass wir mit unseren Streichen nicht bis Herisau warten wollten.

Einige hatten sich mit ein paar Schraubenziehern aus der Werkzeugkiste des Abwarts bewaffnet. Wir anderen hatten unsere Sackmesser dabei. Wir kamen mit dem Postauto in Urnäsch an und setzten uns in den hintersten Wagen des Zugs nach Herisau. Hier stieg auch der Kondukteur ein. Er marschierte durch die Reihen nach vorne und zählte uns. Schien alles in Ordnung zu sein. Er ging weiter und zog die Schiebetüre hinter sich zu.

Bereits während der Zug losfuhr, begannen wir. Wir mussten uns beeilen, denn die Fahrt nach Herisau dauerte nur dreizehn Minuten. Wir lockerten die Schrauben, die die Holzbänke am Boden des Wagens hielten. Das waren zwar massive Schrauben, aber bloss vier pro Bank. Jetzt wackelten die Bänke in den Kurven bedenklich hin und her. Ein lustiger, kleiner Streich. Aber wir waren noch nicht fertig. Nicht ganz. Wir lösten die Schrauben und nahmen sie heraus. Jetzt rutschten die Bänke in den Kurven im ganzen Wagen herum. Das war sehr lustig. Fanden wir jedenfalls. Aber wir waren immer noch nicht fertig. Da war schon noch etwas Luft nach oben. Und apropos Luft: Damals konnte man die Fenster im Zug noch öffnen. Das taten wir. Und dann warfen wir die Holzbänke kurzerhand aus den Fenstern hinaus und mitten hinein in die Appenzeller Hügellandschaft. Nach fünf Minuten war der Wagen komplett leer und das Appenzellerland komplett voll mit neuen Aussichtsbänkchen. Und nach weiteren fünfzehn Minuten waren wir bereits wieder auf der Rückreise ins Kräzerli. Und sämtliche Ausflüge waren gestrichen für drei Monate. Das war es nicht wert, da waren wir uns nachher einig. Drei Monate später haben wir unsere Schraubenzieher im Kräzerli und das Mobiliar im Zug gelassen. Es gab in Sachen Streiche, Unfug und Blödsinn ja wirklich genügend Alternativen.

Was wir damals so alles in Herisau machten? Ich habe es in einer kleinen Liste zusammengefasst. Eine Art Hitparade. Top Five. Natürlich hat nicht jeder von uns Jungs immer alle Punkte abgearbeitet. Einmal das, beim nächsten Ausflug etwas anderes.

1. Klamotten stehlen – das stand immer weit oben auf der Liste. Obwohl: Kleider hat niemand von uns gebraucht. Aber darum ging es auch nicht. Es ging um den reinen Nervenkitzel. Manchmal war es auch eine Mutprobe für jemanden, der sich so was sonst nicht getraut hätte. Natürlich machte man das nicht allein, sondern immer in einer Gruppe. Plötzlich standen also fünf oder sieben »Kräzerlis« in der Boutique und verteilten sich unübersichtlich über die ganze Ladenfläche. Da hatten die zwei Verkäuferinnen keine Chance. Der, der am lautesten war oder sich am auffälligsten benahm, war natürlich nie der, der sich die Levis-Jeans oder das Diesel-T-Shirt unter die Jacke stopfte. Ach, die armen Verkäuferinnen, sie haben es bis zum Schluss nicht gelernt!

2. Sexfilme schauen – damals waren die Filme der Reihe »Schulmädchen-Report« das Ende der erotischen Fahnenstange, wenn man das überhaupt so sagen darf. Das Problem war: Wie kam man als Zwölf- oder Vierzehnjähriger in so einen Film rein? Die waren ab achtzehn. Wenn ich mich richtig erinnere, interessierte es damals in Herisau oft einfach niemanden. Hauptsache, es wurde bezahlt. Manchmal versuchten wir uns in der Pause reinzuschleichen, oder man ging mit ein paar Älteren mit und stellte sich immer etwas in den optischen Windschatten. Irgendwann hatte mans dann aber auch gesehen, zumal einer dieser Filme wie der andere war.

3. Schlittschuhlaufen – auf dem Eisfeld wurde dann die von den Schulmädchenfilmen ziemlich albern überzeichnete Reali-

tät und Sexualität wieder zurechtgestutzt. Die schönen Mädchen hier zogen höchstens Schlittschuhe und Handschuhe aus. Trotzdem waren diese realen Eisprinzessinnen natürlich sehr viel aufregender als die fiktiven Dinger aus den schmuddligen Filmen. Einzig ihr Appenzeller Dialekt war etwas gewöhnungsbedürftig. Aber gell, darüber kann man ja hinwegsehen: Hopsach, de Hond isch gsond!

4. Zigaretten kaufen – was dem Marlboro-Mann die geheimnisvolle Aura verleiht, half auch dem Kräzerli-Helden durch seine dunkle Zeit. Natürlich waren die drei Päckli Brunette rot dann für den Vater, der nicht kommen konnte, weil die Kuh grad das erste Kalb oder die Grossmutter die letzte Ölung bekam. Eine gute Geschichte hat damals meistens gereicht. Und in Geschichten war ich gut. Zigaretten waren also nie mein Problem.

5. Da war doch noch was? Ich weiss es ganz genau, aber es fällt mir beim besten Willen nicht mehr ein. Aber »Top Five« tönt halt schon runder als »Top Four«. Und ausser meiner Lektorin Andrea merkt ja kein Mensch, dass hier ein Punkt fehlt. Und ein Schluss fehlt auch, und diese Geschichte bricht jetzt einfach so ab. Sang- und klanglos. Und das, obwohl meine Internatszeit ja längst nicht zu Ende war. Sie ging weiter. Wieder in den Bergen, aber nicht mehr im Schatten des Säntis, sondern unter der Sonne des Engadins.

The St Moritz Diaries

14. Mai 1973 – Bahnhof Thusis, später Sonntagnachmittag. Wir Schüler treffen uns, um mit dem Zug wieder ins Internat nach Samedan zu fahren. Vico Torriani kommt mit seinem Saab und seinem Sohn direkt aus dem Tessin. Mein Vater kommt mit seinem Saab und seinem Sohn direkt aus dem Nichts. Unsere Väter haben zwar ein Auto derselben Marke und Söhne im gleichen Alter, aber das wars dann auch schon mit den Gemeinsamkeiten. Vico Torriani ist dank »Der goldene Schuss« ein bekannter Showmaster und Dauergast in der Regenbogenpresse. Mein Vater nicht.

Mein Vater ist kein Fan dieses geschniegelten Berufsengadiners mit dem penetranten Dauerlächeln. Und Torriani interessiert sich sowieso vor allem für sich selber. Am Bahnhof in Thusis bleiben die beiden immer auf Distanz, nicken sich höchstens kurz zu, wechseln nie ein Wort – wozu auch? Dass Torriani ein ganz anderes Kaliber ist als mein Vater, sieht man auch am Sackgeld: Torrianis Sohn Reto bekommt hundert Franken pro Woche, ich muss mich mit zwanzig begnügen. Ich sage zu meinem Vater: »Das ist doch einfach nicht recht!« Er sagt: »Tut mir leid, Rolf, aber solange ich keine eigene Samstagabend-Sendung im ZDF habe, müssen zwanzig Franken reichen.«

7. September 1974 – Morgen Abend findet das grosse Schulfest statt. Alle freuen sich. Wir Jungs freuen uns auf die Mädchen, und die Mädchen freuen sich auf die Musik. Es gibt die neuesten Schallplatten aus England und als Highlight auch eine richtige Band. Reto Torriani ist nicht nur der Schönling des

Internats, sondern auch der Sänger der Schulband. Was ihm an Stimme fehlt, macht er mit seinem Aussehen wett und dem Namen seines Vaters, was ihn manchmal selber etwas nervt, wie er immer wieder betont. Solche Sorgen möchte ich haben! Reto gehört zur Gruppe der coolen Schüler, spielt also in einer ganz anderen Liga als die meisten von uns pubertierenden Nichtsen. Mithalten können da nur wenige. Allen voran vielleicht der Sohn der Metzgerei Hinz, der zwar ein bisschen aussieht wie ein Schwein, das aber geschickt überspielt, indem er im Sommer mit dem Porsche in die Schule kommt.

8. September 1974 – Es ist so weit, heute Abend ist das Schulfest. Ich bin etwas nervös, denn natürlich gefällt mir hier schon das eine oder andere Mädchen. In Gabi bin ich sogar ein bisschen verknallt. Aber nur aus der Ferne, sie weiss es nicht. So einfach ist das halt alles nicht mit den Mädchen und den Gefühlen im richtigen Leben. Die angesagten Jungs haben die hübschesten Mädchen sowieso längst für sich aussortiert. Das ist für die eine einfache Übung, denn die Schönheiten wissen ja selber, dass sie dazu bestimmt sind, auf der grossen Bühne zu spielen, und das Zeug dazu haben, sich einen Schlagersänger oder einen Porschefahrer zu angeln. Und wir Nichtse bekommen dann halt, was übrig bleibt: enttäuschte Mädchen, die es nicht in die erste Liga geschafft haben und sich nun zickig anstellen, wenn man sich um sie bemüht. Man kann es verstehen, für diese Mädchen sind wir jedenfalls ebenfalls bestenfalls zweite Wahl. Sie für uns ja auch. Wenn überhaupt. Trostpreise und Hauptgewinne. Ja, so ungereimt gehts zu und her im Leben. Vico Toblerone kommt bei Mädchen zum Schuss oder wenigstens zum Kuss, und selbst der bleiche Schweinskopf mit seinem blöden Sportwagen aus Zuffenhausen ist gefragter als der bildhübsche Bäckersohn aus dem Nichts. Mädchen sind doof.

9. September 1974 – Es war viel, viel, viel besser, als ich erwartet hatte, dieses Schulfest gestern Abend. Nur wegen ihr. Mit Magdalena war plötzlich alles ganz anders. Sie gefiel mir nicht schlecht, und ich gefiel ihr auch nicht schlecht. Das war schon mal gut. Ich wunderte mich bloss, wieso nicht einer der Torriani-Sturmlinie diese Traumfrau längst abgeschleppt hatte. Wir tanzten am Fest fast die ganze Zeit zusammen. Zuerst nebeneinander, dann miteinander, dann aneinander und am Schluss beinahe ineinander. Herzklopfen und Schmetterlinge inklusive. – Magdalena, ich bin total verliebt!

10. September 1974 – Fredy, mit dem ich mich super verstehe, seine Eltern machen die Stunt-Shows in der ganzen Schweiz mit diesen Monstertrucks mit den grossen Rädern, die rauchen und lärmen und über Schrottautos brettern, also eben dieser Fredy gratulierte mir heute zu meiner Eroberung am Schulfest. Er fragte mich, ob es mir egal sei. Ich fragte zurück:»Egal? Ja was denn?« Er hat mich dann auf einen kleinen Schönheitsfehler meiner neuen Flamme aufmerksam gemacht: Magdalena ist die Tochter des Internatsdirektors. O nein! Ein Schlag wie ein Schwerthieb. Er stürzte mich von den Klippen höchster Begeisterung in den Abgrund bitterster Enttäuschung, und das lodernde Strohfeuer meiner grenzenlosen Liebe erlosch in einem unendlichen Meer heisser Tränen. Ich brauchte lange, bis ich drüber weg war. Aber nach zehn Minuten fing ich mich doch wieder und ging mit Fredy eine Runde Tischtennis spielen.

12. Januar 1975 – Ich glaube, ich bekomme ein Ultimatum. Heute hatten wir Französisch. Es ist zum Kotzen, und Lehrer Zimmerli setzt offensichtlich alles daran, dass wir es noch mehr hassen. Wenn wir das Zimmer betreten, ist die Hälfte der Wandtafel jedes Mal bereits von oben bis unten vollgeschrieben. In ganz kleiner Schrift. Wir müssen dann den ganzen Stuss

ins Heft übertragen, während dieser Psycho die zweite Tafel-
hälfte vollkritzelt. Weiter und weiter bis an den Wandtafelrand
oder zum Pausenläuten. Was zuerst eintritt halt. Am Schluss
tut einem das Handgelenk vom Schreiben weh. Ja genau, dieses
Tunnelsyndrom, das ist alles, was man von diesen langweiligen
Stunden hat. Ich kann nicht besser Französisch als vor einem
halben Jahr.

Heute hatten wir für Herrn Zimmerli eine kleine Überraschung vorbereitet. Vier meiner Kollegen brachten, natürlich
gut versteckt, je ein paar schöne, grosse Schneebälle mit in die
Stunde. Meine Aufgabe war es, die Schneekanonenattacke mit
einem Angriffssignal zu starten. Die Lektion begann. Zimmerli
begrüsste uns kurz, drehte sich gleich wieder zur Tafel und
kratzte und kritzelte weiter. Wir warteten ein paar Minuten und
bereiteten alles vor. Rousseau stand immer noch mit dem Rücken zu uns und schrieb eine Zeile nach der anderen. Plötzlich
schrie ich auf. Ich kreischte wie eine Kreissäge, war laut wie ein
Presslufthammer. Ich war fürchterlich. Und ich war furchtbar
gut. Ich schrie immer weiter und weiter, und in die Schock-
starre der ganzen Klasse klatschte jetzt ein Trommelfeuer von
Schneebällen auf die vollgeschriebene Wandtafel. Dann Stille.
Die schweren, nassen Schneebälle rutschten langsam und lautlos einer nach dem andern die Tafel herunter. – Zimmerli legte
sein Sichtmäppli aufs Pult und verliess bleich und wortlos das
Zimmer. Touché! An der Tafel war nichts mehr zu entziffern, die
Stunde war zu Ende. Herr Zimmerli war auch am Ende. Und ich
war am nächsten Tag etwas heiser.

15. Januar 1975 – Das Ganze hatte ein Nachspiel. Logisch.
Das war uns allen ja von Anfang an klar. Eine kleine Überraschung war dann aber doch noch dabei: Die Schulleitung merkte jetzt – oder hatte es schon länger geahnt –, dass Zimmerlis

pädagogische und methodische Qualifikation im Wesentlichen aus dem ununterbrochenen Vollschreiben von Wandtafeln bestand. Das wurde ihm jetzt angekreidet. Was für eine Ironie! Die Schelte wiederum hat Zimmerlis eh schon ziemlich unterspültes Selbstwertgefühl dermassen aufgeweicht, dass die nächste Station auf seinem Lebensweg die Psychiatrische Universitätsklinik Burghölzli wurde. Und unsere nächste Station war eine Verwarnung. Im Vergleich zu seinem Curriculum war unser Ultimatum natürlich nicht der Rede wert. Und was lernen wir daraus? Wenn Schüler mit Problemen im Internat enden und dort von Lehrern mit Problemen unterrichtet werden, dann ist das nicht per se eine Win-win-Situation. Wie Figura zeigt. Und was sagte Magdalenas Vater, der Direktor, zum Wandtafeldebakel? Er sagte das, was Schulleitungen bei Problemen, die sie nicht sehen wollen oder lösen können, eigentlich immer sagen: Schwamm drüber!

Bis der Arzt kommt

Wir sassen in seiner Bude am Schiefertisch und redeten über Gott und die Welt. Drei Lehrlinge und eine Lehrtochter am Feierabend. »Eu suuf i no lang unter da Tisch!«, sagte Peter irgendwann, als unsere philosophischen Betrachtungen beim Thema Hopfen und Malz angekommen waren. Natürlich war das eine leere Behauptung. Aber gleichzeitig auch eine Provokation an meine Adresse. »Säb wemmer denn no luaga!«, konterte ich darum übertrieben selbstbewusst, lachte und schaute Heidi an. Ich wusste, dass mir nicht schon nach dem dritten Kübel schlecht wurde. Aber es ging diesmal nicht um Bier. Leider.

Schon standen eine fast volle Flasche Kirsch und vier Schnapsgläsli parat. Jo nei, so schnell wollte ich es eigentlich gar nicht wissen. Ausserdem war ja nicht Wochenende. Morgen war ein ganz normaler Arbeitstag. Für einen Rückzieher wars jetzt natürlich zu spät. Nach meiner breitspurigen Ankündigung war das sowieso keine Option. Vor allem, weil mich Hans, genannt Whisky, dann auch noch anmachte: »So, Rolf, jetzt kasch jo zeiga, was kasch, und das kasch jetzt!« Alle drei lachten.

Dann ging es los. Schön eingeschenkt bis zum Strichli, und runter damit! Nein, Kirsch war noch nie meins, aber darum ging es ja nicht. Dann war auch schon das nächste Gläsli dran. »Boah, dä fahrt aber recht ii!« – »Jo, Rolf, dä isch vu minara Tanta in Masein. Echt guata Stoff, gell!« Schon stand das nächste Glas vor mir. Und dann das übernächste. Und das überübernächste. Und runter damit. Immer wir alle vier zusammen, in einem Zug. Mir ging alles fast etwas zu zügig. Ich merkte, dass ich jetzt langsam langsamer machen sollte. Mir war nämlich schon uhuaratrümmlig. Hans und Peter wirkten dagegen noch frisch. Auch Heidi schwächelte kein bisschen. Seltsam. »Magsch no, Rolf?«, erkundigte sie sich. Jetzt durfte ich das Gesicht auf keinen Fall verlieren. »Aber sicher!«, sagte ich, obwohl ich etwas ganz anderes fühlte. Bis zum Strichli, und runter damit! »Schaffsch no eina?«, hörte ich Peter fragen wie von ganz weit weg, und bevor ich noch antworten konnte, gingen die Lichter aus. Nicht in seiner Bude, sondern in meinem Kopf. Fiirobig im Oberstübli. Ich krachte mit dem Schädel auf die Schiefertischplatte und fiel dann wie ein nasser Sack vom Stuhl. Mit einem Schlag war mir nicht mehr schlecht oder trümmlig. Ich war bewusstlos.

Yes, ich war komplett weggetreten, und darum fehlt dieser Geschichte jetzt auch ein Stück, ein ziemlich grosses sogar. Knapp zwei ganze Seiten würde ich jetzt mal schätzen. Umgerechnet sind das etwas über vier Stunden. Dann setzte meine Geschichte wieder ein, und zwar ganz woanders. Ich war nicht mehr in Peters Bude, sondern lag im engen Treppenhaus zu meinem kleinen Zimmer in der Churer Altstadt. Es war inzwischen halb zwei, also mitten in der Nacht. Mein Kopf tat weh. Mir war schlecht. Es war dunkel und roch nach Erbrochenem. Ich konnte mich nicht bewegen. Unmöglich. Ich dämmerte wieder weg. Halb vier. Urs, der Hauptbäcker, kam zur Arbeit und fand mich im Treppenhaus. Er brachte mich die Stufen hoch in mein Zimmer. Ich fiel ins Bett, und es wurde wieder dunkel. Um sechs Uhr erfuhr es mein Chef. Er kam zu mir und wusste sofort, was zu tun war: Krankenwagen, Kantonsspital, Notaufnahme. Anschliessend war ich eine Woche krankgeschrieben. Meine Freunde habe ich nicht verraten. Also erst jetzt eigentlich. Wir haben damals nicht und auch später nie drüber geredet. Ich weiss einfach, dass sie selber zu Tode erschrocken sind. Denn ganz so wars nicht geplant gewesen. Es war jedenfalls ihr letzter Streich in diesem hochprozentigen Segment. Nachspiel. Ich bekam als Lehrling wieder einmal eine letzte Verwarnung, also ein Ultimatum gestellt. Die »Verleihung« fand im kleinen Rahmen im Büro meines Lehrmeisters statt, wo es, aus mir unerfindlichen Gründen, immer nach Tomatensalat gerochen hat. Mein Vater und der Lehrmeister haben mir dann erklärt, was ich aus schmerzlicher Erfahrung besser wusste als beide zusammen, dass nämlich das Ganze eine absolute Schnapsidee gewesen war. Dann folgte das übliche Erwachsenenritual: planloses Zusammenfalten, gefolgt von nutzlosem Ins-Gewissen-Reden. Words, words, words!

Nun fehlt noch die Auflösung zu diesem sauglatten Streich. Es lag nicht am Kirsch, dass ich vom Hocker fiel, ich trank nämlich gar keinen. Die anderen hatten zwar Kirsch (40 %), in meinem Glas aber war reiner Alkohol (96 %) aus der Apotheke. Wie meine ausführlichen Recherchen beim Schreiben dieses Buches ergeben haben, wird man bei drei Promille bewusstlos. Das entspricht zwanzig Kirsch-Gläsli, und das kippt ja kein Mensch. Oder acht Gläsli reinem Alkohol. Wer das kippt, kippt dann eben selber um.

Notabene, liebe Kinder: Bei drei Promille wird man bewusstlos, bei vier ist man das Bewusstsein dann definitiv los. Für immer und ewig. Dann schieben sie dich in die Pathologie, und im Krematorium gibts eine Stichflamme, gefolgt von einem dumpfen Knall. Ein ziemlich würdeloser Abgang. Also: Don't try this at home!

Das Foxtrott-Experiment

Ich war siebzehn. In Graubünden hatte eine Leuchte im Erziehungsdepartement die grandiose Idee, man müsse Lehrlinge mit Kantonsschülern, also die angehenden Handwerker mit den angehenden Akademikern, irgendwie zusammenbringen. Wozu dieses Projekt gut sein sollte, wusste niemand so genau. Wollte man Proletariat und Bourgeoisie vereinen und später die klassenlose Gesellschaft ausrufen? Keine Ahnung! Letztlich ging es vermutlich bloss darum, ein Projekt aus dem Boden zu stampfen, damit im Beamtensilo an der Churer Quaderstrasse die Zeit verging und es schneller Abend wurde. Das Ganze war so nutzlos wie ungefährlich. Eine politisch unschlagbare Kombination schon damals.

Zur Auswahl in diesem edlen Experiment standen: gemeinsames Wandern, ein Tanzkurs und Diskussionsrunden. Mein Freund Marco und ich mussten nicht lange überlegen. Mit siebzehn will man lieber den warmen Körper eines Mädchens im Arm halten und schüchtern an sich drücken als mit ein paar nervösen Gymnasiasten über Regenwald, Walfang oder Atomkraft diskutieren. Und die Zeit mit Herumlatschen zu verplempern, wäre in diesem Alter ja wirklich eine totale Verschwendung. Also war Wandern buchstäblich ein No-Go. Marco und ich haben uns für die Mädchen entschieden und für den Tanzkurs eingeschrieben.

Die erste Stunde war sehr spannend. Es hatte gleich viele Jungs wie Mädchen. Das haben die kantonalen Beamten erstaunlicherweise hinbekommen. Die Mädchen sahen erst noch super aus, und zwar alle. Also fast alle. Also zwei, drei wenigstens. Und darum gings ja ausschliesslich, ums Aussehen. Alles andere war egal. Wenn wir ein schönes Mädchen sahen, war das Hirn in null Komma nichts leer wie eine Turnhalle in den Sommerferien. Und die inneren Werte? Ach, die sollten doch drinbleiben! Darauf hatten wir jetzt keine Lust. Auf anderes schon. Darum waren wir ja hier.

Ein Mädchen ist mir von Anfang an besonders aufgefallen. Langes blondes Haar, blaue Augen und wunderschöne volle Lippen. Ein Traum. Und wenn ich sie im Arm hielt, hat sie so gut geduftet. Und schon gings nämlich los. Foxtrott. Das war der erste Schritt, den wir bei Frau Bäder lernten. Eins, zwei, drei und eins, zwei, drei und eins, zwei, drei. Unsere Kanti-Schülerinnen fanden das uhlässig. Wir einfach gestrickten Büezer fanden es ganz okay, dachten dabei aber hin und wieder: »Wie lange müssen wir euch denn noch übers Parkett schieben, bis da was geht?« Und zueinander sagten wir: »Eins und zwei und drei gibt zusammen sechs und vielleicht später auch mal zusammen Sex.« Aber natürlich nur, wenn man genug Geduld hat und warten kann. Also machten wir halt weiter brav mit und taten so, als ob es wirklich ums Tanzen ginge. Das war gar nicht so leicht, wir mussten uns auf die Füsse und die Schritte konzentrieren. Und das, obwohl uns ständig ganz anderes im Sinn herumging. Die nächsten Schritte, die wir uns im Kopf überlegten, hatten mit dem Tanzen und den Füssen jedenfalls nicht gerade viel zu tun.

Am zweiten Abend habe ich dann meine Tanzpartnerin gewechselt. Sie war sehr nett und hellbrünett und gefiel mir noch besser. Obwohl sie meiner ersten Partnerin auffallend glich. Das war kein Zufall, denn wie sich herausstellte, war es ihre Zwillingsschwester. Zuerst war sie einfach meine neue Tanzpartnerin, die mir gut gefiel. Die mir extrem gut gefiel. Immer öfter bekam ich dann so ein unbekanntes, aber nicht unangenehmes Gefühl. Und je stärker dieses Gefühl im Bauch wurde, desto grösser wurde meine Leere im Hirn. Das konnte ja nur eins heissen: Ich war im Begriff, mich zu verlieben. Über beide Ohren. Mit Muffensausen, Herzflattern und Hirnamnesie. Das ganze Sortiment. Natürlich behielt ich diese verwirrend schönen Gefühle am Anfang, so gut es ging, für mich. Marco und die meisten anderen Lehrlinge verliessen den Kurs bereits nach dem dritten oder vierten Abend. Ich hingegen, gefangen von meinen Gefühlen, blieb. Ich sass in der Falle, und es hat mir gefallen. Nein, ich konnte unmöglich aufhören. Dass ich den Kurs weiter besuchte, verstanden meine Kollegen überhaupt nicht. Ich sagte, dass mich Tanzen an sich halt schon immer sehr interessiert hätte und ich unbedingt noch besser werden wollte. Sie verstanden es immer noch nicht. Mir war es egal, war ja auch gelogen. Ich blieb nur wegen ihr. Bis zur allerletzten Stunde, also ein ganzes Jahr lang. Ich wurde so gut, dass ich hin und wieder sogar die Anfängerklasse unterrichten durfte. Am Schluss war ich der einzige Lehrling, der die Integration ins Akademikerlager durchgezogen und beinahe ohne bleibende Schäden überlebt hat.

Das ist alles schon sehr lange her. Was ist wohl aus meiner Tanzpartnerin von damals geworden? Wo mag sie jetzt nur sein? Ich weiss es nicht! – Ich weiss nur so viel, vor einer halben Stunde war sie noch mit unseren beiden Enkeln im Garten am Spielen.

Die Retourkutsche

Es war schon dunkel, als ich durch die frisch verschneite Landschaft nach Hause fuhr. Im Scheinwerferlicht sah die Strasse aus wie ein weisses Band aus Schnee, das sich in weiten Bögen über die kahlen Felder durch die Nacht schlängelte. Es war 1977, ich war achtzehn und mit mir zufrieden.

Ich war im Auto meines Vaters auf dem Heimweg von Chur, wahrscheinlich zurück von einer Tanzstunde, das weiss ich jetzt nicht mehr so genau. Autobahn und Isla-Bella-Tunnel eröffneten erst 1983, also in sechs Jahren. So lange wollte ich nicht warten, drum nahm ich die Kantonsstrasse und kurvte entspannt weiter. Plötzlich verwandelte sich der Saab meines Vaters in einen Curlingstein: Glatteis! Gesehen hatte ich nichts, und als ich es merkte, war es natürlich schon zu spät. Ich konnte auf den Pedalen herumstampfen wie ein besessener Organist und am Lenkrad drehen, wie ich wollte, der Saab schlitterte, wohin er wollte. Das Auto war jetzt der Pilot. Der Autopilot sozusagen, und der steuerte Vaters Saab jetzt quer über die Gegenfahrbahn, wo er schnurgerade in die Leitplanken krachte. Ratsch, riss es den Kotflügel weg, wie wenn er gar nicht richtig befestigt gewesen wäre. Merde! Ich stieg aus und schaute mir das Schlamassel an. Kein schöner Anblick. Ich sammelte den Kotflügel und diverse Kleinteile, Schrauben und Scherben ein, legte alles auf die Rückbank und fuhr langsam heim. Gang nach Canossa. Ich musste es meinem Vater sofort beichten, sonst hätte ich wohl die ganze Nacht kein Auge zugetan.

Ich stellte das Auto ab. Bei meinen Eltern im Schlafzimmer im vierten Stock war es bereits dunkel. Aber das Fenster war einen Spalt offen. Ich rief meinem Vater. Nicht lange, und das Licht ging an. Die Vorhänge bewegten sich, und mein Vater erschien am Fenster: »Was isch?« Ich erzählte meine Geschichte aus dem Schattental der Missgeschicke. Mein Vater stand am Fenster und schaute herunter. Wie der Heilige Vater beim Ostersegen im Vatikan. Hin und wieder zuckte er mit den Schultern oder schüttelte den Kopf, sagte aber nichts. Nur ab und zu hörte ich ein leises »Mah!« oder »Boh!«. Sinngemäss hiess das etwa: Was solls, kann ja passieren, kann man ja reparieren. Ist doch kein Beinbruch. Die erwartete Standpauke blieb aus. Ich war erleichtert.

Viele, viele Jahre später habe ich dann als Bäcker für ihn gearbeitet. Und noch viel später habe ich sein Geschäft, also die Bäckerei mit den Läden, übernommen. Er war dann zwar immer noch mein Vater, aber nicht mehr mein Chef, sondern mein Angestellter. Und hat für mich gearbeitet. Mit allem Drum und Dran, samt Kost und Logis und Zahltag. Selbst als Fünfundachtzigjähriger ist er noch halbtags eingesprungen. Selbstverständlich waren das keine anstrengenden Arbeiten in der Backstube mehr. Er fuhr lediglich die Brotbestellungen im Tal aus.

Eines Tages beim gemeinsamen Mittagessen, er war gerade zurück von seiner Tour, sagte er zu mir: »Du, wägem Auto, also i han hüt a Kratz gmacht. Gohn doch rasch go luaga.« Ach was, wegen einer Delle an einem Lieferwagen wollte ich das Mittagessen doch nicht unterbrechen und sagte darum: »Jo, jo, nochher.« Vor dem Kaffee ging ich dann aus Gwunder trotzdem kurz nachschauen. Als ich zurückkam, hatte ich nur eine Frage: »Papa, wo häsch denn d Tüüra verloora?« Dem Lieferwagen fehlte die Fahrertüre, und zwar komplett. Und so, wie es aussah, war sie nicht abgeschraubt, sondern weggerissen worden. Mein Vater war ziemlich durcheinander. Er wusste zwar nicht, wo die Türe war, lieferte mir aber eine präzise Unfallschilderung:»Ja weisst, Rolf, es ist so: Das Postauto hätte ja auch etwas besser aufpassen können! Muss ja nicht genau dann vorbeifahren, wenn ich die Türe öffne!« Da hatte er natürlich hundert Prozent recht. Und ich hatte auch etwas: keinen Lieferwagen mehr. Eine abgerissene Fahrertüre bei einem achtjährigen Toyota-Bus war natürlich ein Totalschaden. Aber ich hab mich nicht gross aufgespielt, sondern mich an mein Curling-Intermezzo von vor dreissig Jahren erinnert. Auch für mich war das Ganze mit einem Schulterzucken und einem »Mah!« und einem »Boh!« erledigt. Und nachher habe ich mit ihm das Gleiche gemacht wie er damals mit mir: zwei Wochen nicht mehr geredet. Kein einziges Wort. Und nachher war zwischen uns alles wieder gut. Zumindest nicht schlechter als vorher.

Hier noch ein Müschterli von meinem alten Herrn, das zwar keine ganze Geschichte ergibt, das ich aber unbedingt noch loswerden muss. Mein Vater war einer von den Alten, die einfach nicht aufhören können. Mit nichts. Noch mit über neunzig ist er mit der Motorsäge in den Wald gefahren und hat Bäume gefällt. Dabei gab es irgendwann ein Problem. Er schaffte es zwar noch, Bäume zu fällen, aber er konnte die Motorsäge nicht mehr anwerfen. So ein Seilzugstarter verlangt nach Kraft, Geschwindigkeit und Koordination. Er hatte nichts mehr von allem und darum keine Chance. Für meinen Vater war das aber noch lange kein Grund, aufzugeben. Er liess seine Kettensäge einfach im Dorf vom Nachbarn anwerfen. Dann verstaute er den knatternden Apparat im Auto und fuhr mit der laufenden und rauchenden Motorsäge im Kofferraum in den Wald. Der Förster nahm mich dann mal beiseite und sagte mir, ich müsse schon etwas besser auf den Vater aufpassen. Ich antwortete scherzhaft: »Was soll ich machen? Der Alte fällt, was ihm gefällt.« Der Förster ging darauf nicht ein und ermahnte mich weiter. Solche Spargamenten, sagte er, seien ja nicht ganz ungefährlich. Als ich das meinem Vater erzählte, meinte er nur: »Ach der wieder! Was weiss denn unser Förster, der hat doch keine Ahnung! Ich weiss, was ich mache, und das Holz, das gehört ja schliesslich allen.« Zwei Tage später fuhr er wieder Richtung Wald, und es knatterte und rauchte aus dem Kofferraum.

Doppelter Dachschaden

Im Herzen war ich ein Dienstverweigerer. Im entscheidenden Moment war ich zu feige. Ja, Entschuldigung, ich hatte weder Lust auf ein Jahr Gefängnis noch darauf, fortan als Krimineller dazustehen. Und auf die endlosen Diskussionen mit meinem Vater hatte ich am allerwenigsten Lust. Also wählte ich das kleinere Übel. Die Rekrutenschule.

Es war dann gar nicht so klein, wie ich gehofft, aber übler, als ich befürchtet hatte. Wer lässt sich mit neunzehn schon gerne einschliessen und herumkommandieren! Wer will in einem Massenschlag mit dreissig anderen stinkenden halben Portionen pennen, um fünf Uhr aufstehen und dann mit zwanzig Kilogramm Gepäck auf dem Rücken vierzig Kilometer marschieren? Nein, das will kein Schwein!

Bei der Aushebung war ich im Sport einer der Besten – ich Idiot! Wieso liess ich mich da so mitreissen? Als beim Zwölf-Minuten-Lauf alle rannten, rannte ich plötzlich auch und überholte die meisten, kopflos wie ein aufgescheuchtes Kaninchen. Keine Ahnung, wieso. Ich gab mein Bestes – und das war schlecht: Die Quittung bekam ich noch am selben Tag: Schmid, fit wie ein Turnschuh – Infanterie. Und bampf! knallte der Stempel auf den Aushebungsfackel. Bravo, Rolf, eine Meisterleistung! Das hast du geschickt angedacht und eingefädelt. Füsilier. Die ganze Zeit durch die Gegend stampfen und am Schluss irgendwo in der Pampa im Unterholz als Kanonenfutter den Grind hinhalten. Für irgendeinen Mist. Das ist doch keine Perspektive für einen denkenden Menschen im zarten Alter von neunzehn!

Der Stempel war inzwischen trocken, aber das letzte Wort war trotzdem noch nicht gesprochen. Und es war definitiv nicht Infanterie. Schliesslich hatte ich noch etwas im Ärmel, und zwar mein linkes Bein. Es war seit meinem Skiunfall als Kind drei Zentimeter kürzer als das rechte. Das ist erstaunlich viel. Wie wenn man im Schuhgeschäft mit nur einem Schuh herumläuft. Also herumhinkt eigentlich. Ein zu kurzes Bein ist nicht praktisch und tut irgendwann auch weh. Ich spürte es bereits nach hundert Metern, und ein paar hundert Meter weiter schmerzte es dann richtig. Das war eigentlich schlecht, aber jetzt vielleicht zu etwas gut, und zwar für einen Termin bei der Untersuchungskommission.

Ich musste irgendwohin fahren. Dort hat ein Arzt mein Bein geröntgt, ein Psychiater meine Gesinnung durchleuchtet. Zusammen sind sie dann darauf gekommen, dass ich mit meinem Bein für die Militärversicherung eine tickende Zeitbombe war. Das Risiko, dass die Versicherung nach einem Unfall im Dienst ein Leben lang bezahlen muss, wollen sie ja nie eingehen. Zum Glück für mich. Ein paar Stempel, Unterschriften, Formulare und Durchschläge später war ich bei der Rettungstruppe. Ausgemustert und abgestempelt, aber nicht unglücklich.

Nächstes Kapitel: Wangen an der Aare. Die »Rettung« war meine Rettung. Also damals hiess die Rettung noch Luftschutz, das hat aber nichts mit Klimaschutz zu tun. Der wurde erst viel später erfunden. Damals war das Klima überall noch in Ordnung. Ausser im Militär. Ich merkte schnell, dass bei dieser Truppe die meisten einen Schlag hatten, also weder Modellathleten noch geistige Überflieger waren. Mir war das recht. In diesem bunten Haufen fiel ich nicht weiter auf. Vor allem beruhigte mich aber der Gedanke, dass die Rettung im Ernstfall immer erst zum Einsatz kam, wenn das Gröbste schon vorbei war. Und retten und löschen tönte damals in meinen Ohren einfach besser als suchen und zerstören. Daran hat sich bis heute eigentlich nichts geändert.

Die langen Märsche war ich jetzt los, schiessen musste man bei der Rettung aber auch. Das war für mich nicht so einfach. Ich hatte vor dem Schiessen nämlich nicht nur ein bisschen Schiss, sondern eine Scheissangst respektive Schiessangst, wie es offiziell heisst. Ich wollte das nicht mehr. Mein Bein hatte ich als Trumpf schon ausgespielt, und meine Augen waren damals tadellos. Wie konnte ich den Armee-Apparat aushebeln, damit sie mir mein Gewehr wegnahmen? Ich wusste es nicht, hatte aber so eine Ahnung. Ich schob den Plan nicht lange vor mir her. Schon bei der ersten Schiessübung mit scharfer Munition setzte ich meine Idee in die Tat um.

Tatort Altes Schützenhaus, Wangen an der Aare. Dienstag, elf Uhr sechsunddreissig. Wir waren am Üben, der ganze Zug: laden, entladen, Korn und Visier einstellen, A-Scheibe, sechs Schuss Einzelfeuer, Laufkontrolle, B-Scheibe, neue Munition fassen. Jetzt musste es passieren, sonst würde ich wohl nie mehr den Mut dazu aufbringen. Ich spitzte sechs Schuss ins Magazin ab und setzte es ein. Dann lud ich das Sturmgewehr mit einer Ladebewegung durch. Mündung Richtung Dach. Niemand merkte etwas. Um mich herum ging alles ganz normal weiter. Wie in einem Film, zu dem ich nicht gehörte. Mein Herz klopfte wie verrückt. Ich hatte Angst. Ich entsicherte meine Waffe, Stellung Einzelfeuer. Ich war ja kein Idiot! Jetzt musste ich einfach den Nerv haben, abzudrücken. Das hatte ich, und alles nahm seinen geplanten Lauf.

Diagnose: Schiessangst, psychisch angeschlagen. Sie nahmen mir mein Sturmgewehr weg, ich war es für immer los und richtig erleichtert.

Kamerad Wieser hatte ein paar Wochen später eine ähnliche Idee. Ihm war ein Schuss durchs Dach aber irgendwie zu wischiwaschi. Nein, er wollte es richtig machen und keinen Zweifel an seinem Geisteszustand lassen. Er legte an, zielte auf seine Scheibe. Dann schwenkte er den Lauf ganz weit nach links und erschoss eine Kuh auf der Weide neben dem Schützenhaus. Ein meisterhafter Blattschuss. Die Kuh fiel aus allen Wolken. Trotzdem wurde Wieser nicht als Pionier der Hofschlachtung gefeiert, sondern mit Schimpf und Schande weggebracht. Ihm hat man das Gewehr noch im Schützenhaus weggenommen, hektisch und nervös. Aber dabei blieb es nicht. Er wanderte (also man sagt nur wandern, er wurde natürlich gefahren) in den scharfen Arrest. Einzelhaft. Dann die volle Härte der Militärjustiz: psychiatrisches Gutachten, Strafverfahren, Gerichtsprozess, Ausschluss aus der Armee, Gefängnis unbedingt. Obwohl er ja getroffen hatte, ging dieser Schuss selbst in seinen Augen eher nach hinten los.

Gut gemacht, Wieser, einfach nicht fertig gedacht. Manchmal ist der Weg des geringsten Widerstandes gar nicht so falsch. Ich habs ja bewiesen, Wieser, ein Schuss durch die Decke reicht vorig, um eine Befreiung von der Schiesspflicht zu erreichen. Seien wir doch ehrlich: Wer dazu eine Kuh über den Haufen knallt, schiesst weit übers Ziel hinaus.

Das muss Sie nicht interessieren

Noch eine letzte Geschichte vom Militär, und dann ist gut. Mehr als genug von diesem unerfreulichen Thema. Also: Ich rückte zu spät ein. Nicht eine Viertelstunde, weil ich in der »Krone« in Wangen noch ein halbvolles Bier austrinken musste, sondern einen ganzen Tag. Nein, das sollte man in der Rekrutenschule besser nicht machen. Mein halbgenialer, auch nicht ganz zu Ende gedachter Plan war, mich irgendwie aus der Situation herauszulügen. Würde ich heute auch nicht mehr versuchen.

Ich telefonierte also am Sonntagabend in die Kaserne und erzählte dem Feldweibel total heiser und von heftigen Hustenanfällen geschüttelt (eine schauspielerische Glanzleistung), dass ich krank sei. Ja, es ginge eben was herum hier im Domleschg, eine Magen-Darm-Hals-Nasen-Ohren-Sache. Und ich hätte das jetzt eben auch und läge mit 39,5 Grad Fieber im Bett. Mit Husten, Durchfall, Kopfweh und Magenkrämpfen. »Kein Problem«, sagte der Feldweibel. Ich wollte schon aufatmen, da ging sein Satz noch weiter: »… bringen Sie mir einfach ein Arztzeugnis, wenn Sie wiederkommen.« Dann hat er mir sogar noch gute Besserung gewünscht. Bis jetzt lief es also gar nicht so schlecht. Und ein Arztzeugnis, das sollte ja auch zu machen sein, auf dem Land, wo jeder jeden kennt. Nach vier oder fünf telefonischen Versuchen wusste ich es besser: Ich hatte nicht den Hauch einer Chance auf ein erschwindeltes Zeugnis. Jetzt kam der schwierigere Teil. Ich musste noch einmal zum Hörer greifen und dem Feldweibel die Wahrheit beichten. Also gestehen, dass ich ihn angelogen hatte.

Die Wahrheit sei nämlich die, gestand ich ihm, ich hätte mich in einem Anflug von Hirnleere entschieden, nicht einzurücken. Also nicht nur diesen Sonntagabend, sondern gar nie mehr. Aber jetzt sähe ich ja ein, dass ich Mist gebaut hätte. Das alles erzählte ich ihm und dachte:»Gleich gibts eine zünftige Standpauke.« Der Feldweibel reagierte aber auch dieses Mal überraschend entspannt:»Machen Sie sich jetzt keine Sorgen, Schmid«, sagte er,»sitzen Sie morgen früh in den ersten Zug, und dann sind Sie halt am Montagmittag da. Dann kommen Sie ohne Umweg einfach direkt zu mir.« Ja und dann würde man zusammen schauen, wie man das Ganze aus der Welt schaffen könne. Das tönte gut. Ich freute mich beinahe ein bisschen, denn ich dachte, dass ich wieder einmal mit einem blauen Auge davonkommen würde. Ausserdem sah ich plötzlich, dass es beim Militär ja auch richtig nette Typen gab. Diese menschliche Seite hatten die Unteroffiziere und Offiziere in meiner Kompanie bis jetzt nämlich geschickt vor uns Soldaten versteckt.

Als ich am Montag gegen Mittag an der Wache vorbei in den Kasernenhof bog, lief ich natürlich prompt einem Oberst in die Arme. Musste der jetzt ausgerechnet in dieser Minute zu seinem Jeep gehen! Ob Schicksal oder Zufall, es war jedenfalls nicht ideal. Natürlich habe ich militärisch korrekt gegrüsst:»Oberst, Rekrut Schmid!« Der Offizier staunte und fragte mich:»Und wieso kommen Sie erst jetzt, Schmid?« Ich antwortete:»Das braucht Sie nicht zu interessieren!« –»Wie bitte?«, fauchte mich der Oberst an. In Ordnung, dann sagte ich es halt nochmals militärisch korrekt, wie ich es gelernt hatte:»Oberst, Rekrut Schmid, das braucht Sie nicht zu interessieren!« –»Wie bitte?« – »Ja, wissen Sie, ich habe das alles schon mit dem Feldweibel besprochen und bin auf dem Weg…« Bis zum Feldweibel kam ich dann gar nicht mehr. Ich landete direkt in der Kiste: fünf Tage scharfer Arrest. Und das sah dann so aus: Schlafen im Einzelzimmer statt im Massenschlag, und fürs Essen (Zimmerservice) musste ich nur die Türe öffnen, statt anzustehen und Platz in der Kantine zu suchen. Ein klarer Fall von Kuscheljustiz. Ausser an den zwei Wochenenden. Da musste ich in der Kaserne bleiben und konnte nicht heim zum Kuscheln mit meinem Schatz. So gesehen wars dann doch eindeutig keine Kuscheljustiz.

Im Arrest hatte ich viel Zeit zum Nachdenken. Unter anderem habe ich in meiner Zelle über die Logik meiner Strafe nachgedacht: Einen Tag bei der Truppe zu fehlen, war mein Vergehen. Die Strafe dafür war, dass ich fünf weitere Tage fehlen musste. Fand ich irgendwie erstaunlich. Strafe und Vergehen sind identisch: Wer innerorts mit knapp achtzig geblitzt wird, muss zur Strafe dann fünf Tage lang innerorts achtzig fahren. Das waren so meine kranken Gedanken im Loch, denn fünf Tage allein sind dann doch eine lange Zeit.

Irgendwann war die Rekrutenschule Geschichte. Später absolvierte ich die Wiederholungskurse. Wie alle anderen auch. Die waren zwar weniger tragisch, aber keinesfalls weniger sinnlos. Aber ganz unter uns: Das braucht Sie eigentlich nicht zu interessieren!

Das Traumpaar der Party

Ich war einundzwanzig, und alles lief nach Plan, aber leider nicht nach meinem. Das merkte ich jetzt immer mehr. Und je klarer ich es sah, desto grösser wurde meine Angst. Vor allem, wenn ich nach vorne schaute. Mein ganzes Leben lag nämlich schon da. Fixfertig aufgestellt mit sämtlichen Stationen, wie ein Hunde-Parcours. Ausgeheckt und ausgesteckt von meinem Vater. Und da sollte ich jetzt durch, Station um Station: Bäckerei übernehmen, Laden umbauen, Firma vergrössern, Familie gründen, Haus kaufen, Sohn zeugen, Hypotheken abzahlen. Und so weiter bis zum Horizont. Ich hatte nur zwei Möglichkeiten: einzusteigen oder auszubrechen.

Es war keine Frage, ich musste da raus. Wenigstens eine Weile. Ganz allein hätte ich es nicht geschafft, aber ich hatte Glück und fand in meiner Gotte in Zürich eine Verbündete. Sie heisst Margrit. Eine kluge und spannende Frau, die in der Welt herumgekommen ist. Sie weiss viel, merkt noch viel mehr und hat meine Sorgen verstanden, bevor ich ihr etwas erklären musste. Sie war sofort auf meiner Seite und hatte schnell ein paar Vorschläge und Ideen für einen Tapetenwechsel, eine Auszeit parat. Margrit hatte nicht nur gute Ideen, sondern auch gute Beziehungen. Ihr erster Vorschlag führte mich in die Confiserie Sprüngli an der Bahnhofstrasse in Zürich. Keine schlechte Adresse. Aber gell: Schoggi, Schoggi und noch mehr Schoggi! Ganze Bleche voll Pralinés und Berge von Truffes. Mir war das alles etwas zu viel, zumal ich ja Bäcker Schrägstrich Konditor gelernt hatte und nicht Confiseur. Ja Sie, das sind im Fall Welten! Wie auch immer, unter einem Schoggi-Job hatte ich mir jedenfalls etwas ganz anderes vorgestellt.

Der nächste Vorschlag von Margrit kam dem schon bedeutend näher, um nicht zu sagen, es war ein Volltreffer! Ich durfte mich im »Hilton Kensington« in London als Konditor bewerben! Das fand ich natürlich eine verlockende Idee. Meine Gotte hat alles organisiert und mir die Anmeldeformulare geschickt. Vier Seiten von oben bis unten voll mit Fragen. Ich konnte alles beantworten und erfüllte, so wie es schien, sämtliche Bedingungen. Schliesslich war dann nur noch eine letzte, abschliessende Frage: Sie besitzen ausgezeichnete Englischkenntnisse in Wort und Schrift? – Ja. Nein. – Was sollte ich ankreuzen? Ich hatte in der Schule nie Englisch, ich war nie im englischen Sprachraum in den Ferien, ich konnte kein Englisch. Kein bisschen. Aber wenn ich das Kreuz bei Nein gemacht hätte, hätte ich die Bewerbung gar nicht abschicken brauchen.

Also habe ich etwas gemacht, was ich auch später hin und wieder tat: Ich habe einfach etwas behauptet, auch wenn es nicht ganz wahr war. Und zusammen mit der Wahrheit habe ich auch die möglichen Konsequenzen für einen kleinen Moment ausgeblendet und das Kreuz bei Ja gemacht. Was sollte denn schon passieren – as kunnt schu guat! Mir war natürlich klar, irgendwann würde ich meine Englischkenntnisse beweisen müssen. Aber zuerst musste ich die Stelle ja bekommen.

Ich wartete gespannt auf den Bescheid aus London. Und siehe da, Lügen lohnte sich! Meine Bewerbung hatte Erfolg, ich bekam den Job im »Hilton«. Mein Schwindel war nicht entdeckt worden, also, noch nicht.

Zürich–London, mein erster Flug ever. Mir war irgendwie schlecht. Ich hatte nicht nur Angst, dort hinzufliegen, sondern auch, dort aufzufliegen. Ausserdem hatte ich keine Ahnung, was mich in London erwarten würde. Flughafen, Taxi, und schon stand ich in der mondänen Lounge des »Hilton Kensington«. Bis jetzt war alles ziemlich einfach gewesen. Na geht doch! An der Rezeption wurde ich deutsch angesprochen und freundlich begrüsst. Dann schob die Rezeptionistin mein ganzes Bettzeug über den Tresen und sagte: »Tunis Road acht ist dein neues Zuhause, erster Stock, Zimmer fünf.«

Kurz darauf stand ich vor dem Luxushotel mit meinem einfachen Gepäck in der Hand und dem weissen Bettzeug unter dem Arm. Ich sah wahrscheinlich aus wie ein Clochard aus einem Theaterstück. Ich fühlte mich ziemlich verloren. Ein Taxi ist in so entwurzelten Situationen oft eine gute Entscheidung: »Tunis Road eight, please!« Das bekam ich hin. Der Taxifahrer, es war ein Inder, sagte: »What?« Ich wiederholte es. Er sagte: »Sir, you speak not so fast, sir, please!« Ich wiederholte die Adresse ein drittes Mal, diesmal wie in einem Diktat damals in der Schule: »Tunnnnnisroooood (Pause) eeeeet.« Und, bingo, jetzt hatte er es verstanden. Ich konnte kein Englisch, aber er offensichtlich auch nicht. Ich vermutete, er hatte bei seiner Stellenbewerbung bei der entsprechenden Frage das Kreuz ebenfalls bei Ja gemacht.

Mein Zimmernachbar an der Tunis Road war Sandro, ein Schweizer. Schon wieder Glück gehabt! Er war nett und erklärte mir alles, vor allem, wo ich wann sein musste am nächsten Morgen. Also bis jetzt lief es ja super: Deutsch an der Rezeption, ein Schweizer als Zimmernachbar, heimlich hoffte ich schon, dass im Hotel mehr Leute deutsch als englisch sprachen. Das war natürlich nicht der Fall, wie sich am nächsten Morgen herausstellte.

Ich war pünktlich, wie sich das für einen Schweizer gehört. Und ich war nervös, was am ersten Arbeitstag an einer neuen

Stelle ja vorkommen soll. Vor allem, wenn man weiss, dass man die Sprache nicht kann. Und man ausserdem weiss, dass die anderen es noch nicht wissen. Dann erschien der Küchenchef. Eine imposante Figur. Gross gewachsen, breitbeinig und erstaunlich farblos. Seine absurd hohe Kochmütze machte den schon viel zu gross geratenen Mann noch grösser. Mit der Mütze sah er irgendwie aus wie seine eigene Karikatur. Er stand vor mir, schüttelte mir die Hand, stellte mich der Küchenbrigade vor, und alle klatschten. Ich klatschte dann auch, was glaub ein Fehler war. Bei dieser Vorstellungsrunde verstand ich zum ersten Mal rein gar nichts. Nur etwas verstand ich, dass das nicht lange gut gehen konnte. So wars dann auch. Einen Tag lang konnte ich mich irgendwie noch durchmogeln, am nächsten flog alles auf. Ich machte tausend Fehler. Die Bestellungen, die ich abzuarbeiten hatte, kamen fast alle am falschen Ort an. Es war aber auch nicht ganz ohne: Ich hatte parallel sechs (!) Restaurants, einen Bankettsaal und ausserdem noch zwei Dutzend Suiten zu beliefern. Das war mehr als genug, selbst wenn man die Sprache konnte. Und ohne Sprache – ach, vergiss es einfach!

Was mich sehr überraschte: Ich war hier nicht einfach ein einfacher Konditor, ich war Chef der ganzen Konditorei im »Hilton«. O ja! Und das ohne einen einzigen Mitarbeiter, der mir half. O nein! Das alles stand sicher irgendwo in der Bewerbung oder im Arbeitsvertrag. Aber es ist ja wie bei Gebrauchsanweisungen, wer liest das schon alles durch! Ich habs jedenfalls nicht gemacht. Und nun hatte ich den Salat. Und mein Salat sah so aus: Fünfhundert bis sechshundert Desserts – pro Tag! Dazu verschiedene Cremen, Torten und Soufflés Alaska. Ich musste das alles ziemlich allein machen. Ein rechter Krampf, und das für umgerechnet tausendvierhundert Franken im Monat. In London notabene, einem der teuersten Pflaster der Welt. Wenn das nur gut kam! Es kam gut. Ich war beliebt, erhielt eine Hilfe, habe schnell gelernt und bald ein bisschen Englisch verstanden und gesprochen. Nach einem Monat hatte ich bereits ein Dutzend Freunde und über dreieinhalbtausend Franken Schulden.

Ein typischer Tag des Chefs der Konditorei? Also das sah etwa so aus: Ich stand auf und arbeitete von morgens um sieben bis sechzehn Uhr durchgehend. Anschliessend machte ich ein Nickerchen bis etwa neunzehn Uhr. Es folgten zwei, drei Bierchen im Pub. Dort wartete man auch, bis man wusste, wo an diesem Abend eine Party stieg. Und dann gings natürlich an diese Party. Nein, nicht bloss am Wochenende – every damn night!

Bei diesen Partys war jeder willkommen. Es gab eigentlich nur eine Bedingung: Man musste den Alkohol selber mitbringen. Mein Favorit war damals eine Flasche Gin. Pro Abend. Manchmal auch eine Flasche Bacardi. Und manchmal auch je eine Flasche, denn die Partys gingen oft sehr lange, und es wurde oft so spät, dass es schon wieder früh war.

Ich hing also ich wieder einmal an einer dieser Partys herum, es war in einer Privatwohnung irgendwo in einem edleren Stadtteil Londons. Die Stimmung war toll, das Apartment war voll. Viele Leute tanzten, andere redeten oder standen einfach nur dumm rum und schauten sich um. Die meisten hatten schon einen gewissen Pegel. Es war zwar entspannt, aber ziemlich laut. Ab und zu kam die Polizei vorbei. Dann wurde die Musik kurz etwas leiser gedreht. Bis sie wieder weg war.

Ich sass auf einem Sofa in einem luxuriösen Wohnzimmer. Links von mir sassen ein paar Leute, die ich nicht kannte. Rechts neben mir auf dem Sofa sass ein Mann, vielleicht zehn Jahre älter als ich. Wir wechselten ein paar Worte hin und her und kamen schliesslich ins Gespräch. Es ging um Gott und die Welt. Dann aber vor allem um die Liebe. Ja, die Liebe, die Liebe und das Leben! Mein Englisch war noch nicht gerade Weltklasse, und so musste ich hin und wieder die Hände zu Hilfe nehmen, um ein Wort, das ich nicht kannte, irgendwie zu zeigen. Das war recht lustig. Meine Sofa-Bekanntschaft lachte und machte mit. So diskutierten wir eine ganze Weile, amüsierten uns und hatten richtig Spass. Was mich etwas irritierte: Die anderen auf dem Sofa und Leute, die zufällig in der Nähe standen – und das wurden immer mehr –, hörten alle zu, aber niemand schien sich zu trauen, an unserem Gespräch teilzunehmen.

Irgendwann hat sich mein Sofa-Partner von mir verabschiedet. See you next time! Ich freu mich drauf! Bye-bye! Kaum war er weg, bestürmten mich alle und fragten, worüber wir gesprochen hätten und was er gesagt habe und wie er denn so sei. Ich antwortete, dass ich ihn sehr sympathisch fände, ein netter Typ halt. Dann fragte ich, ob denn jemand wisse, wer das gewesen sei. Alle schauten mich mit grossen Augen an, ein Mädchen schüttelte den Kopf und klärte mich auf: Es war ein gewisser Mister John. Mit ganzem Namen Elton John.

Ich glaube, wir waren kurze Zeit das Traumpaar der Party. Tage später wusste es jedenfalls das ganze »Hilton«. Ab diesem Zeitpunkt war ich nicht mehr Rolf Schmid, der Konditor aus der Schweiz, sondern nur noch der Mann, der mit Elton John auf dem Sofa sass. Sein Glanz verwandelte mich vom langweiligen Landei in eine schillernde Partydiva. Bald hatte ich noch mehr Kumpel und Bekannte und vor allem: noch viel mehr Schulden. Aber was bedeutet schon Geld, wenn man Elton John zu seinen Freunden zählen kann!

Sarah und Sahara

»D Sarah isch a Schöni, d Sahara isch a Wüaschti.« Darauf kommt man natürlich nicht, wenn man zu Hause auf dem Balkon sitzt und Bier trinkt. Nein, da brauchts schon etwas mehr. Rotwein zum Beispiel und Lebenserfahrung. Die schöne Sarah muss man persönlich kennen und die Wüste Sahara mit eigenen Augen gesehen haben. Und das habe ich. Viertausend Kilometer, vier Monate lang. Von Algier nach Dakar.

Lang ists her. Wir schreiben das Jahr 1984. Nach intensiven Vorbereitungen, dem eigenhändigen Umbau eines Toyota Lite Ace und zwanzigtausend Franken Ausgaben fuhren wir, also Dodi, meine damals Zukünftige, die eigentlich Dorothee heisst, und ich, im Januar los. Es war der kälteste Winter seit langem. Nichts wie weg! Nach Marseille zuerst und dann mit dem Schiff nach Algier in Afrika, wo es ja immer wärmer ist – vor allem wegen der Elefanten. Weil die haben es nicht gerne kalt.

Ein paar Tage später standen wir am Rand der Wüste am ersten Grenzübergang. Es war Mittag. Wenn das nur gut geht! Aber wir hatten uns ja zwei Jahre auf die Reise vorbereitet, wahnsinnig viel gelesen und alles dabei: Pässe, Visa, Fahrausweise, Autopapiere. Und natürlich etwas Bargeld, um die Dringlichkeit unserer Reise zu unterstreichen und die Beamten zu motivieren. Wird schon klappen, dachten wir uns, als wir vor einem ziemlich mitgenommenen Schlagbaum hielten und ausstiegen.

Im Schatten einer kleinen Hütte sass ein uniformierter Grenzbeamter gerade beim Mittagessen. Er liess uns kurz warten, dann hängte er seine Maschinenpistole um und kam zu unserem Auto. Er schien sehr nett, wandte sich gleich an mich und parlierte munter drauflos. Dem Tonfall nach waren es einfach ein paar Nettigkeiten auf Französisch. Ich nickte hin und wieder und lächelte ihn sonst einfach bloss an, denn das Einzige, was ich auf Französisch draufhabe, ist Charme. Dorothee hat dann die Konversation übernommen, weil mein Französisch war, wie gesagt, nicht so gut, also nicht vorhanden. So standen ich und unser Hund – der übrigens auch nur sehr schlecht Französisch verstand – daneben, und Dodi hat alles geredet und alles geregelt. Der Beamte hat zugehört, Fragen gestellt, Fragen beantwortet. Gesprochen hat er mit Dodi, aber angeschaut hat er dabei immer nur mich. Die ganze Zeit. Das war schon etwas gewöhnungsbedürftig. Dorothee hätte durchsichtig sein können, es hätte keinen Unterschied gemacht. Und es kam noch besser: Da es gerade Mittag war, hat er mich zum Essen eingeladen. Natürlich nicht allein, sondern zusammen mit dem Hund. Wir sassen also am Tisch, der Hund lag im Schatten darunter, und Dodi stand zwei Meter daneben. Und weil stumm essen und sich anschweigen ja nicht besonders viel Spass macht, begann mein grenzwertiger Grenzwärter, mit mir zu reden. Und ich mit ihm. Und Dorothee spielte die Dolmetscherin und sonst keine Rolle. Dass sie nicht eingeladen wurde, war damals klar. Ich habe mich auch nicht getraut, mit ihr zu teilen oder ihr etwas zu geben, ich wusste ja nicht, wie diese Wüstensöhne so ticken, und den Stempel für den Grenzübertritt hatten wir auch noch nicht in der Tasche respektive im Pass. Nachdem unser Hund und ich satt waren, gab es dann die zwei Stempel, und wir durften weiterfahren. Au revoir, monsieur!

Auf unserer Reise mussten wir einige Landesgrenzen überqueren. Manchmal ging es ziemlich reibungslos über die Bühne, manchmal war es weniger gemütlich und wir wurden grundlos schikaniert. Einmal nahmen uns ein paar Soldaten mit scharf geladenen Maschinenpistolen, die ziemlich betrunken waren, also die Soldaten natürlich, nicht die Pistolen, unsere Pässe weg. Selbstverständlich bekamen wir sie wieder. Allerdings erst nachdem sie uns drei Tage in ihrem gottlosen Kaff festgehalten hatten. Grund gab es natürlich keinen, ausser dem sadistischen Machtspiel dieser narzisstischen Arschgeigen. I reg mi schu bim Schriiba grad wieder uuf!

Bei einem anderen beliebten Spiel durften wir auch ein paarmal mitmachen. Es wird am Zoll gespielt, heisst »Zeig, was du hast« und beginnt meist relativ harmlos. Der Zöllner fängt an. Er fragt, was man so alles dabeihabe im Bus. Jetzt ist der Reisende dran. Er holt ein paar Taschen aus dem Bus und stellt sie vor den Zöllner, als Zeichen des guten Willens. Jetzt ist wieder der Zöllner am Zug und betont, dass es bei seiner Frage, was man alles dabeihabe, um das Wort »alles« gehe. Jetzt kommt wieder der Reisende dran. Zugzwang. Er muss alles, was im Bus ist, ausräumen. Alles, alles, alles. Samt Bett, Tisch, Lebensmitteln, Kleidern, Waschzeug, Werkzeug. Ganz nach dem Motto: Alles muss raus! Sämtliche Utensilien müssen anschliessend in einer rechtwinkligen Auslegeordnung hinter dem Bus ausgebreitet und mit militärischer Präzision ausgerichtet werden. Wie auf dem Kasernenplatz. Das ganze Prozedere konnte schon mal ein paar Stunden in Anspruch nehmen. Auf unserer Reise haben wir dieses Spiel zwei- oder dreimal gemacht. Beim Finale ist wieder der Zöllner dran. Er entscheidet sich für einen überraschenden Spielzug: Nachdem der Reisende alles stundenlang ausgeräumt und ausgerichtet hat, würdigt der Zöllner die Sachen nicht eines einzigen Blickes. Also alles für nüt und Schachmatt! Diese letzte Demütigung war ihr wahrer Triumph. Gewonnen haben bei diesem Spiel immer die Zöllner. Also fast immer, denn einmal hatte auch ich ein paar Tricks auf Lager und ein paar Trümpfe im Handschuhfach.

Es war wieder einmal so weit. Wir kamen bei einem Grenzposten an. Von weitem sah ich schon ein armes Schwein, das gerade dabei war, seinen Bus auseinanderzuschrauben. Die Frau vom armen Schwein war komplett am Durchdrehen. Da sie den Zöllner mit der geladenen Maschinenpistole schlecht anschreien konnte, kam das arme Schwein in den Genuss ihres hysterischen Ausrasters historischen Ausmasses. Quasi als Bonus-Track. Wie wenn ihm das Ausladen und Auslegen allein noch nicht gereicht hätte. Zum Glück hatte ich nicht eine so durchgeknallte Frau. Meine war entspannt, wir waren ein gutes Team. Aber die Nummer mit dem Ausladen konnte uns jetzt durchaus auch blühen. Darauf hatte ich keine Lust. Wirklich nicht.

Ein hübscher, junger Zöllner kam zu unserem Auto. Er sprach Englisch. Mashallah! Bevor man zum Punkt kommt, redet man in der Sahara einfach ein bisschen miteinander und macht sich locker: Wo kommst du her, wo gehst du hin, was machst du so? Das ist eigentlich auf der ganzen Welt so, ausser in der Schweiz, dieser emotionalen Kühltruhe. Wie auch immer. Ich hatte einen Plan und vor allem immer noch keine Lust auf die grosse Ausräumaktion.

Wir haben also geredet. Der Zöllner hat mich gefragt, ob das meine Frau sei. Ich habe gesagt, ja, nach unserer Rückkehr in die Schweiz würden wir zwei heiraten. Dann habe ich ihn gefragt, ob er auch eine Frau habe. Er sagte, nein. Er habe nicht eine, sondern vier Frauen. Und bald würden es mit etwas Glück vielleicht sogar fünf sein. Nicht schlecht, habe ich dann anerkennend gesagt, weil das wollte er ja hören. Ich fragte ihn, wie das denn funktioniere mit ... also ja, immerhin vier oder ... und die seien ja sicher in seinem Alter, also ja, noch jung halt. Er hat dann gemeint, das sei bei ihm kein Problem, alles prima. Ich habe ihm dann gesagt, dass ich das von mir nicht behaupten könne. Ich sei zwar auch erst fünfundzwanzig, aber manchmal hätte ich schon etwas Mühe. Aber zum Glück habe ich ein tolles Mitteli dagegen. Aber wenn er natürlich absolut kein Problem habe, würde ihn das ja nicht interessieren. Und, bingo, ich hatte ihn! Nein, also so sei es ja nicht, das täte ihn also schon sehr interessieren. Vier Frauen seien ja immerhin vier Frauen. Ich sagte, Moment, und kramte aus dem Handschuhfach ein paar farbige Rollen mit Tabletten. Es war nichts anderes als Traubenzucker. Das hatte er noch nie gesehen. Zum Glück. Es waren in Zellophan gewickelte Rollen in Rot, Orange, Gelb und Weiss.

»Take one of these and you can all night long oder sogar no länger also noch longer.« – »And the colors, what's the difference?«, fragte er mich. »Das ist ganz einfach: Die Weissen kannst du eigentlich jeden Tag nehmen, die sind relativ schwach. Die Gelben und die Orangen, das sind die Starken, beide Farben sind von der Wirkung her ziemlich gleich, eine davon, und du gehst ab wie eine Rakete. You go up like a rocket, I can tell you im Fall, jo sicher!« Ich gab ihm die drei Farben. Das rote Rölleli behielt ich noch in der Hand und zeigte es ihm mit ernster Miene, als wäre es eine kleine Dynamitstange: »Listen to me!«, sagte ich dann zu ihm und schaute ihn ernst an. »Diese Roten sind so stark, dass man sie in der Schweiz eigentlich nur mit einem ärztlichen Rezept bekommt. Ich habe sie von einem Apotheker, aber das ist eine andere Geschichte.« Ich schaute ihm in die Augen und sagte noch: »Promise me not to take more than a half at once!« Also nicht mehr als eine Halbe aufs Mal, »sonst kann es schmerzhaft werden. Von den Nebenwirkungen ganz zu schweigen!« Er nickte beeindruckt, und ich gab ihm jetzt auch das rote Rölleli: »Aber watch out, gell!« Der hübsche Soldat

nickte, lächelte zufrieden, verstaute die vier Rollen Traubenzucker in seiner Uniformjacke und winkte uns durch.

Ich hatte einen Freund fürs Leben und vor allem: Wir mussten den Wagen nicht ausräumen und konnten weiterfahren.
Was wir auch taten. Vorbei am armen Schwein, das gerade dabei
war, die ganze Küche aus dem Bus zu schrauben. Es hat uns
völlig fassungslos angeschaut. Die Frau vom armen Schwein
hockte inzwischen total apathisch im Schatten des Busses. Sie
bewegte den Oberkörper vor und zurück und starrte mit leeren
Augen in den Sand. Kein Titelbild für einen Reiseprospekt.

Es ging weiter. Die nächste Etappe war eine lange: zwei Wochen mitten durch die Wüste ohne jede Möglichkeit, an Wasser,
Essen und Benzin zu kommen. Ein Vorrat für zwei Wochen
samt ausreichender Reserve war natürlich im Auto verstaut und
auf dem Dach festgebunden. Und so bretterten wir auf der Sand-
piste durchs Nichts. Tagelang. Vorne nichts, links nichts, rechts
nichts und hinten ebenfalls nichts, ausser einer langen Staub-
fahne. Plötzlich sahen wir zwei Tuareg auf einer Düne vor uns.
Junge, gross gewachsene Menschen. Schlank und schön. Ich
würde sogar sagen edel, wenn sie nicht so wild mit den Händen
gefuchtelt und mit den Armen gerudert hätten. Richtig unwür-
dig sah das aus. Und wir hatten es ja längst begriffen, dass wir
anhalten sollten, und haben es natürlich gemacht. Sie haben
uns gefragt, ob sie mitfahren könnten. Dorothee hat sich dann
nach dem Wohin erkundigt. »Nous voulons aller à notre domi-
cile«, sagten sie. Also nach Hause. Aber wo war dieses Zuhause?
Weit und breit kein Dorf, keine Oase, kein Nichts. Weder in der
Realität noch auf der Karte. Überall nur Sand und Dünen. Und
Sonne am Tag und in der Nacht tausend Sterne.

Die beiden mussten hinten sitzen. Dort war auch unser Hund.
Ihn haben die beiden Gäste überhaupt nicht gestört. Ja ich hat-

te sogar das Gefühl, die neue Reisebegleitung hat ihm richtig gut gefallen. Ab und zu schaute er die beiden an und knurrte leise und gemütlich vor sich hin. Die zwei Tuareg blickten fast immer starr geradeaus. Sie sprachen kein Wort. Manchmal wenn ich in den Rückspiegel schaute, hatte ich das Gefühl, dass ich Angst in ihren Augen sah. Vielleicht hatte es mit meinem zuweilen etwas risikofreudigen Fahrstil zu tun. Keine Ahnung. So ging unsere Reise weiter. Zum Glück ohne grössere Probleme. Einmal pro Tag den Luftfilter vom Sand befreien und ab und zu im Wagen bleiben, wenn wieder mal ein Sandsturm über das Auto schmirgelte wie ein gewaltiger, göttlicher Karosserie-Spengler. Hin und wieder blieben wir natürlich auch im Sand stecken, das gehört in der Sahara dazu. Ja darum geht man ja eigentlich. Da musste man dann schaufeln. Wenn man Pech hatte, bis zu einer Stunde und mehr. Unsere beiden Nomaden liessen sich jeweils nicht lange bitten, sondern packten richtig mit an. Ich hätte ja gerne auch geschaufelt, aber es brauchte ja jemanden, der im Auto sass und mit dem sensiblen Gasfuss den Ausweg aus der Misere ertastete. Zum Freischaufeln braucht man Kraft und Ausdauer und zum Rausfahren Genie und Gefühl. Also genau meine Kernkompetenz.

Apropos Gefühl: Neben diversen Reparaturanleitungen für unser Auto hatte ich auch noch einen ganz anderen Text im Gepäck: Victor Hugos »Der Glöckner von Notre-Dame«. Ein geplantes Freilichtspiel. Ich spielte den Glöckner, und wenn wir zurück aus Afrika waren, sollten die Proben beginnen. Bis dahin musste ich den Text einigermassen können.

Am Abend habe ich darum ab und zu mein Textheft hervorgeholt. Ich habe nicht nur meine Zeilen rezitiert, sondern die Rolle des buckligen Glöckners gespielt. Also wie richtig, samt Gestik und Mimik. Ja ich war eben schon damals ein professioneller Laienschauspieler. Bei diesen Proben hatte ich stets zwei aufmerksame Zuschauer, die beiden Tuareg. Und am Schluss jeder Probe gabs eine Verbeugung von mir, genau wie im richtigen Theater, und dann haben die beiden begeistert geklatscht, obwohl sie überhaupt nichts verstanden hatten. Also auch genau wie im richtigen Theater. Zusammenfassend möchte ich biografisch festhalten: Ich habe schon in den frühen Achtzigerjahren vor einem begeisterten internationalen Publikum gespielt.

Die Tuareg, die uns jetzt schon einige Tage begleiteten, waren inzwischen fast so etwas wie Freunde geworden. Am Nachmittag des fünften gemeinsamen Tages fuhren wir durch eine monotone Dünenlandschaft. Oben Himmel, unten Sand. Das war alles, und alles sah gleich aus. Die ganze Zeit. Und nicht die Spur eines Orientierungspunktes. Nichts. Plötzlich meldeten sich unsere Freunde von der Rückbank:»On est arrivé!« – »Vous êtes sûr?«, fragten wir. Aber sicher waren sie sicher! Wir hielten an und schauten uns um. Hier war nichts. Unsere beiden Freunde packten ihre paar Sachen und verabschiedeten sich. Wir waren alle den Tränen nah.»Au revoir, Monsieur Glöcknèr, au revoir, Mademoiselle Glöcknèr!« Sie stiegen eine Düne hoch, winkten ein letztes Mal, und weg waren sie. Wir machten ein paar Schritte in ihre Richtung und schauten über die Kante der Düne, und tatsächlich, weit in der Ferne ein Lager mit ein paar Zelten und ein paar Kamelen. Unsere Tuareg waren am Ziel.

Wir noch nicht ganz. Unsere Fahrt sollte noch drei Monate dauern. In dieser Zeit haben wir es bis nach Dakar geschafft. Zehn Jahre später wurde unsere Route gesperrt. Es war zu gefährlich geworden. Überfälle, Entführungen, Mord und Totschlag. Und das ist jetzt der Schluss dieser Geschichte? Nein, sicher nicht! So negativ kann man natürlich nicht aufhören. Also man kann schon, aber ich will nicht.

Hier habe ich also meinen positiven Schluss. Unter Sahara-Reisenden erzählt man sich nämlich Folgendes: Wenn man mit einer Frau quer durch die ganze Sahara fährt und am Schluss dieser Reise noch zusammen ist, bleibt man es danach fürs ganze Leben. Ist das nicht wunderschön? Das Beste daran aber ist, es stimmt sogar!

Gartenfest mit Gewitter

Das Hotel war nicht gut, denn es war das erstbeste. Aber mehr lag halt nicht drin. Nach vier Monaten quer durch die Sahara hatten wir unser Feriengeld verpulvert. Das Einzige, was wir noch hatten, war Sand. Überall. Sand im Auto, Sand in den Schuhen, Sand in den Kleidern. Selbst im Portemonnaie hatte es statt Kies nur noch Sand. Trotzdem wollten wir noch zwei Wochen Ferien auf den Kanarischen Inseln dranhängen. Als Schlusspunkt sozusagen. Ich werde diese Zeit und vor allem dieses schäbige Hotel in Las Palmas nie vergessen, denn dort geschah es. Nein, nicht am helllichten Tag, sondern kurz vor Sonnenuntergang.

Dorothee machte sich schick und die Haare schön fürs Abendessen. Mir ging ganz anderes im Kopf herum. Sollte ich die Gelegenheit beim Schopf packen? Oder doch lieber noch warten? Aber worauf, nach sieben Jahren Zusammensein? Dorothee war inzwischen fertig, putzt und gstrählt. »Gömmer?«, fragte sie. Darauf ich: »Willst du mich heiraten?« Natürlich fragte ich das nicht im Stehen. Ich kniete, wie ich es in schlechten Filmen gesehen hatte, effektvoll nieder. Auf den staubigen Teppich mitten im abgewohnten Hotelzimmer. Und Dorothee schaute mich an, lächelte und sagte Ja. Einfach so. Ohne den Bruchteil einer Sekunde zu zögern. – Hm? Das ging mir jetzt fast etwas zu schnell! Aber sie musste offenbar nichts überlegen. Hatte sich wahrscheinlich alles längst überlegt und ihren Entschluss gefasst und nur auf meine Frage gewartet. Und ich hatte davon keine Ahnung, denn übers Heiraten hatten wir nie ernsthaft gesprochen.»Gömmer jetzt?«, sagte sie. –»Ja, mein Schatz, wohin du willst!«

Die Hochzeit war für einen Samstag geplant. Am Tag vorher, es war ein Freitag, was nicht erstaunlich ist, war ich ziemlich müde, was noch weniger erstaunlich ist. Ich hatte wieder einmal die ganze Nacht durchgearbeitet. In der Backstube stapelten sich die Bestellungen bis zur Decke, und dann fiel auch noch ein Mitarbeiter aus. Ich war also ziemlich im Teig, wie wir Bäcker sagen. Ja genau, zuerst hatte ich kein Glück, und dann kam auch noch Pech dazu. Drum war am Morgen auch nicht Feierabend. Ich krampfte weiter und weiter, den ganzen Vormittag, über Mittag bis in den späten Nachmittag hinein. Irgendwann war ich dann nicht nur mit den Nerven fertig, sondern auch mit der Arbeit. Ich setzte mich in den Garten, belohnte mich mit einem Bier und wartete.

Endlich und pünktlich kam Gusti vorbei. Und bester Laune natürlich. Wir zwei hatten zum Polterabend abgemacht. Gusti heiratete nämlich ebenfalls am nächsten Tag. Was für ein Zufall! Die Schwester meiner Braut. Was für ein Zufall! Und wurde dadurch zu meinem Schwager. Was für ein seltsames Wort! Ich nenne ihn deshalb meistens den Mann der Schwester meiner Frau. Oder den Mann der anderen Tochter meines Schwiegervaters. Wie auch immer. Gusti ist jedenfalls der Mann, der die Tochter des Vaters meiner Frau geheiratet hat. Damit ist alles gesagt. Mehrfach sogar. Darum geht es jetzt weiter.

Und zwar zum Polterabend nach Chur. Es war ein Fest. Und ich übertreibe nicht, es kamen hunderte Leute. Was sage ich, tausende, zehntausende waren in Chur an diesem Abend. Nein, natürlich nicht wegen uns, sondern wegen des Eidgenössischen Schützenfestes, das im Juni und Juli 1985 in Chur stattfand. Ich würde diesen Abend jetzt gerne mit tausend Details in allen

Farbschattierungen schildern, aber ich muss leider zugeben, dass sich über die ganze Szenerie eine neblige Unschärfe legt. Und es ist leider nicht der barmherzige Schleier des Vergessens irgendwelcher erotischer Eskapaden, sondern lediglich meine vom vielen Bier getrübte Erinnerung eines ziemlich normalen, etwas zu feuchten Abends.

Wir tingelten also relativ planlos durch die Churer Altstadt und tranken hier ein Bier und da eins oder zwei. Wir trafen viele Leute, denen wir natürlich unsere Geschichte erzählten:»Ja genau, Polterabend. Morgen ist es so weit, wir heiraten! Ja, wir beide. Nein, nicht einander, hahaha! Wir heiraten zwei Schwestern. Doppelhochzeit, das ist doch was!« Und während es Gusti damit bewenden liess, sagte ich oft, schon ziemlich angesäuselt: »Kommt doch vorbei, ein Glas Weissen lass ich schon springen!« Und ich lud nicht nur Bekannte ein, nein, auch wildfremde Eidgenossen und Meisterschützen. »Ja sicher, auf ein Glas, Rothenbrunnen, elf Uhr!« Nächste Beiz, nächstes Calanda, nächste Einladung. Ab hier wird der Schleier immer dichter und reisst schliesslich ab. Nacht.

Ich wachte auf, es war Samstag. Ich war immer noch müde. Oder schon wieder? Es war beinahe neun, und ich hatte keinen Plan. Aber das ist ja mit ein Grund zum Heiraten: Die Frauen haben nämlich meistens einen Plan. Und auch einen Tagesbefehl, den die Schlaueren unter ihnen aber immer geschickt als Frage tarnen und formulieren. »Wetsch di nid langsam parat macha?«, sagte also meine Liebste. Und das zu Recht. Um zehn Uhr, also in einer Stunde, hatten wir den Termin beim Standesbeamten. Nein, da konnte ich jetzt schlecht im Pyjama erscheinen. Und Duschen war ja das Mindeste. Und die Haare, Jesses! Aber eine Stunde ist für einen Mann ja keine Herausforderung. Zehn Minuten später war ich geduscht, gewaschen, gestrählt und rasiert.

Peter Nauli war mein Nachbar. Peter Nauli war der Standesbeamte. Und Peter Nauli war Angestellter im Elektrizitätswerk. Trotz dieser Dreifachbelastung sind bei ihm nie die Sicherungen durchgebrannt. Er war die Ruhe in Person. Und so sass er jetzt am Küchentisch, gelassen und entspannt. Und wir standen da in seiner hübschen Küche aus den Siebzigern. Einer Zeit, als man die Tablare der Küchenschränke noch mit orangem Papier eingefasst hat. So positiv orange wie die Vorhänge und die Küchengeräte. Ja, diese Küche war ohne Zweifel ein richtiger Kraftort. Da konnten wir gar nicht anders, als Ja zu sagen. Und das machten wir dann auch. Frau Nauli sagte nichts, denn als Zeugin hatte sie keinen Text. Aber natürlich hatte sie eine Aufgabe. Kaum hatten wir uns das Jawort gegeben und unterschrieben, also den offiziellen Teil erledigt, leitete sie routiniert über zum zwanglosen Beisammensein. Weisswein aus dem Kühlschrank und beleidigte Brötchen vom Tablett.

Den Wein hatte sie vor ein paar Tagen bei mir im Laden gekauft. Angesichts der Tatsache, dass es sich immerhin um eine offizielle Trauung und nicht um ein Pilzrisotto im Pfadilager handelte, hätte man ja auch eine Flasche für über zehn Franken nehmen können. Ha, Frau Nauli? Dazu gab es eben die paar belegten Brötchen, die sie am Vortag ebenfalls bei mir gekauft und natürlich auch bar bezahlt hatte. Die Gemeinde hat ihr dann diese Auslagen (achtzehn Franken und fünfunddreissig Rappen) vergütet. Und ich habs dann mit den Gemeindesteuern wieder der Gemeinde abgestottert. Ja, so ist das mit dem Geld, es will, ja es muss einfach irgendwie fliessen. Ich hätte den Wein und die Brötchen auch von Anfang an selber bezahlen und mitbringen können. Alles wäre einfacher und der Wein besser gewesen. Aber das war mir in dem Moment ehrlich gesagt sowieso vollkommen egal: Nach dem ziemlichen Absturz am Polterabend mit dem dazu passenden Hangover war der Anblick einer Flasche Weins morgens um zehn sowieso nicht das Gelbe vom Ei. Mir wars jedenfalls fast etwas zu viel. Aber zum Einknicken hatte ich jetzt keine Zeit, denn der nächste Programmpunkt wartete bereits: die kirchliche Trauung.

»Der Vater der Braut« – war ein Film. Der Vater meiner Braut – war der Pfarrer. Und nicht nur der Vater meiner Braut, denn Gusti heiratete ja auch. Also traute Hans, so hiess mein künftiger Schwiegervater, seine Pfarrerstöchter Dorothee und Cordelia. Eine schöne Doppelhochzeit, eine richtige Familiengeschichte.

Es war uhuaraschön. Und es war ganz entspannt und einfach normal. Trotzdem hat mich meine Hochzeit natürlich ein Vermögen gekostet. Ich blätterte nicht weniger als zweitausendsiebenhundertneunzig Franken und vierzig Rappen auf den Tisch. Die Rechnung habe ich heute noch. Eine Position finde ich besonders faszinierend, sie heisst »Hilfe Ursula« und weist den Lohn dieser schaffigen Frau aus. Also »Hilfe Ursula« ab neun Uhr am Morgen bis vier Uhr, nein nicht am Nachmittag, sondern am Morgen danach: summa summarum hundertzwanzig Franken! Das finde ich wirklich ausgesprochen fair für neunzehn Stunden fast nonstop kochen, servieren und abräumen. Also diese Ursula engagiere ich wahrscheinlich wieder einmal. Und wer die Adresse will, einfach melden.

Wo sind wir stehen geblieben? Genau, vor der Kirche. Alles war kein Problem, denn alles war ja perfekt geplant und bis ins Detail geprobt. Nein, eben genau nicht! Darauf hatten wir alle keine Lust. Eine würdige Zeremonie sollte es werden und keine Show. Nichts gesucht Originelles und Überspanntes. Also weder gefrorene Schmetterlinge noch bedruckte Luftballone. Die rund siebzig Hochzeitsgäste, alle aus dem Verwandten- und näheren Bekanntenkreis, dachten alle genauso wie wir.

Es war dann auch authentisch und sehr schön. Und musikalisch sogar top, denn unser Organist war niemand Geringerer als Hannes Meyer, der international gefeierte Musiker. Er war auf dem Weg von Arosa nach New York und machte einen Zwischenstopp in Rothenbrunnen. Also etwa auf halber Distanz. Die Familie meiner Frau kannte ihn von ihrer Zeit in Arosa. Und wenn wir gerade beim Namedropping sind: La Lupa, die Tessiner Sängerin und eine Bekannte von Gusti und Cordelia, war ebenfalls dort. Sie hatte einen Auftritt in der Kirche. Und was hatte ich? Ich hatte nichts ausser ein schlechtes Gewissen. Die anderen kannten wichtige Leute, illustre Künstlerinnen, begnadete Musiker, die jetzt alle unser Fest bereicherten. Und was steuerte ich bei? Nichts! Gar nichts! Wen kannte ich schon? Niemanden! Klar, Elton John, aus meiner Zeit in London. Aber er ist ja nicht aufgekreuzt. Ich war schon ziemlich enttäuscht. Und ich glaube, es hat auch etwas in unserer Freundschaft für immer verändert. Ach, Elton, warum nur?

Meine Familie, eine Bäckerdynastie in der zweiten Generation, also auf gut Deutsch mein Vater und ich, waren halt einfache Handwerker. Der Herr Pfarrer und seine vier Pfarrerstöchter lebten und verkehrten in ganz anderen Sphären: Kunst, Literatur, Musik, Philosophie. Wir dagegen: Bier, Sandwich, Mineral. Aber der Liebe waren diese Unterschiede egal. So was von. Und mir meistens auch.

Zurück in die Kirche. Sie war wirklich voll, denn ich war beliebt im Dorf, und jeder wollte dabei sein, wenn der Schmid heiratete. Was Einladung? Vergiss es! So was brauchen wir Bergler bestimmt nicht. Mit so neumödigem Züg fangen wir gar nicht erst an! Also füllte sich die Kirche mit geladenen und ungeladenen Gästen bis auf den allerletzten Platz. Und wer zu spät kam, musste halt aufs Fest warten. Draussen vor der Tür.

Klammer auf: Ich durfte einmal in Borcherts Drama mitspielen. Ich war Beckmann, die tragische Hauptfigur der Geschichte. Aber jetzt war ich bald glücklich verheiratet. Sechsundzwanzig und im siebten Himmel. Wolfgang Borchert war in diesem Alter bereits unter der Erde. Klammer zu. Super, jetzt ist die Stimmung natürlich im Keller! Ich habs fast kommen sehen, Wolfgang Borchert war halt schon immer ein ziemlicher Stimmungskiller. Also, Kopf hoch, es geht weiter und hinein in die Kirche!

Kirchentüre zu. Schöne Worte von Hans, dem Pfarrer. Schöne Töne von Hannes, dem Organisten. Noch mehr schöne Worte von Hans. Noch mehr Hannes Meyer. Dann La Lupa. Dann Dorothee:»Ja, ich will!« Und dann ich:»I mag eifach nid!« – Nein, das habe ich natürlich nicht gesagt. Ich habe auch gesagt:»Ja, ich will!« Dann wieder Hannes Meyer, weils so schön war. Das habe sogar ich gemerkt. Dann schöne Schlussworte, und die Türe ging auf, die Sonne strahlte herein, und wir strahlten zurück.

Und was für eine Überraschung! Vor der Kirche standen sie Spalier bis fast zum Horizont. Es waren meine Theaterkolleginnen und -kollegen. Wir waren gerade mitten in den Proben zum Glöckner von Victor Hugo und von Notre-Dame natürlich auch. Ich spielte den Glöckner. Aber es gab ja auch noch ein paar andere Rollen, und da es ein Freilichtspiel war, waren es rund einhundertfünfzig. Und die waren jetzt an meiner Hochzeit. So vollzählig wie uneingeladen. Genau wie das halbe Dorf, das in der Kirche keinen Platz fand und jetzt auch gut gelaunt herumstand und klatschte. Menschen, Menschen, Menschen! Es waren einfach zu viele, und ich mittendrin. Mit einem Schlag wusste ich, was im Glöckner vorging, als er sah, dass sich ein Drama anbahnte. Nein, das war kein schönes Gefühl. Mit Tränen in den Augen und meiner Frau am Arm pflügte ich durchs Gewimmel. Ich grüsste hier, winkte da und lachte und lachte, weil man das ja musste an einer Hochzeit. Aber mir war je länger, je weniger zum Lachen zumute. Ich wurde immer verzweifelter: Wir hatten siebzig Leute eingeladen, ich hatte Essen für gut achtzig Leute bestellt, um auf der sicheren Seite zu sein. Jetzt warteten da zweihundertfünfzig. Geplant war das ganze Fest in meinem grossen Garten. Er kam mir plötzlich sehr klein vor. Zweihundertfünfzig Leute, das sind zehn Schulklassen oder zwanzig Fussballmannschaften. Und der Ball lag nun bei mir. Das konnte ja heiter werden!

Wir wollten es locker, lässig, ungezwungen und entspannt. Jetzt war es für mich das pure Gegenteil. Wenn ich jetzt etwas nicht war, dann locker und entspannt. Panik ergriff mich, als ich mit Dorothee von der Kirche zu unserem Haus am anderen Dorfende hetzte. Hinter uns setzte sich eine ganze Völkerwanderung in Bewegung. Hungrig und unaufhaltsam wie die Heuschrecken im Alten Testament. Es dauerte zum Glück eine Ewigkeit, bis sie alle im Garten waren. Das war auch gut so, denn ich musste tausend Dinge organisieren.

Mit meinem Vater hatte ich abgemacht, dass er den Apéro offerierte. Also genau genommen, hatte er es sogar selber vorgeschlagen, was ich sehr nett und erstaunlich grosszügig fand. Er war sonst weniger der mit den Spendierhosen.»Häsch dr Wii parat?«, fragte ich, schon ziemlich nervös wegen der vielen Leuten, die gleich eintrudeln würden.»Mach d Auga-n-uuf, Rolf, do stoht er jo schu lang!«, sagte mein Vater und zeigte auf einen Karton Weisswein. Ja genau: einen. Einen einzigen, sechs Flaschen. Das ist natürlich eher auf der knappen Seite für zweihundertfünfzig Gäste. Aber es war weder der Ort noch die Zeit, das mit meinem Vater durchzurechnen und auszudiskutieren.

Als er dann die Hundertschaften anrücken sah, verlor er sowieso die Sprache und verstand gar nichts mehr. Ich habe meinen Vater dann samt Brett vor dem Kopf und Kartonschachtel auf dem Tisch stehen lassen und selber Wein organisiert und offeriert. Ich habe die Schachteln aus meinem Keller gewuchtet, bis jedes Glas voll und mein Keller leer war.

»Und was gits z Essa?« – »Und weiss ma schu, wenn?« Unseren Koch, Duri Krättli, durfte man das im Moment auf keinen Fall fragen. So wie er angesichts der Invasion dreinschaute, fragte er sich wahrscheinlich eher, ob unauffälliges Verschwinden eine Alternative und für ihn vielleicht die beste Lösung wäre. Ich konnte ihn dann aber beruhigen. Er musste ja nicht für zweihundertfünfzig kochen. Nei, sicher nid! Das wären ja über dreimal mehr als die abgemachten siebzig. Nein, zum Essen blieben ja bloss etwa ungefähr so circa plus/minus, sagen wir mal grob, also ohne jetzt lange drum herumzureden, gute knapp hundertsechzig. Ich redete dann noch so lange weiter, bis es ihm vertleidete und er sagte: »I muan jetzt schaffa, verschtohsch, kasch mr das jo nochher verzella.« Und er legte sich ins Zeug und machte einen wirklich grandiosen Job.

Ich beruhigte mich auch langsam wieder, und so wurde es nach dem chaotischen Anfang dann doch noch ganz entspannt. Volle Teller mit Fleisch und Salaten. Viel Sonne, viele glückliche Gäste, Gesichter, Geschenke und Gratulationen. Küsschen da und Küsschen dort. Schön, bisch kho! Schön, bisch do! Hin und wieder fragte mich jemand, wo der Bräutigam sei, um zu gratulieren. Das waren meine Schützenfestfreunde, die ich am Vorabend eingeladen hatte. Lauter nette Menschen, die ich nicht kannte, die spontan auftauchten und dann wieder verschwanden. Nein, eben nicht. Sie tauchten zwar auf, aber ans Verschwinden dachten sie nicht im Traum. Sie blieben bis zum bitteren Ende. Und das kam. Unabwendbar wie in einer griechischen Tragödie oder einem Film von Lars von Trier. Ein Sturm zog auf. Das Wetter hatte sich geändert. Und wenn es strahlend schön ist den ganzen Tag, gibt es ja nur eine Richtung für die Veränderung, nämlich die falsche! Es sah nach einem Gewitter aus. Die meteorologische Spassbremse für jedes Gartenfest.

Meine Mutter störte das nicht weiter. Sie wollte den Tag geniessen und einfach zufrieden sein. Das war sie auch, und richtig stolz war sie obendrein. Immer wieder sagte sie zu mir, wie gut ich doch in den Sachen aussehe. Sie meinte natürlich die Sachen, die sie für mich bei Schild Mode in Chur ausgesucht hatte. Und ich war ebenfalls stolz, und zwar auf sie, dass sie für mich die Sachen ausgesucht hatte, in denen ich so gut aussah. Und so weiter. Hin und her. Es war wie Federball mit Worten. Man hätte es ewig weiterspielen können. Und meine Mutter machte keine Anstalten, das nicht zu tun.

Die Sachen. Sie verdienen hier eine kleine Würdigung. Es war kein Anzug, sonst hätte ich es ja geschrieben. Es waren eben einfach Sachen. Eine wirklich umwerfende Kombination aus einem sehr weiten, sehr hellen pastellpistaziengrünen Pulli mit Raglanärmeln und einer weissen, ebenfalls sehr weit geschnittenen Bundfaltenhose. Ja, die Achtziger! Wunderbar im Kontrast zum bequemen Pulli und den zu weiten Hosen standen die zu engen Sneakers. Sie waren weiss und todschick. Vor allem aber waren sie zwei Nummern zu klein und bestätigten damit Nietzsches »Leben heisst leiden«. Ich habe mir nichts anmerken lassen. In meinem Outfit sah ich aus wie ein Statist aus einem David-Bowie-Video. Niemand hätte sich wahrscheinlich gewundert, wenn ich so pastell aufgebrezelt Gusti geheiratet hätte.

So, genug über Kleider gequasselt. Wenns so weitergeht, wird ja bald noch das Wetter zum Thema. Und genau so ist es.

Denn jetzt rückt ein anderer Schauplatz und eine ziemlich platte Metapher ins Blickfeld: Es war so weit. Das Gewitter entlud sich. Nein, nicht am Himmel, sondern unter dem Nussbaum am Gartentisch, an dem meine beiden Onkel und Tanten sassen: Onkel Georg und Onkel Ruadi, Tante Margrit, Tante Rosalie und mein Vater natürlich. Und wie ein richtiges Gewitter kündigte es sich langsam an. Mit Donnergrollen. Da ein etwas zu lauter Satz, eine zu schroffe Widerrede. Dort eine unpassende Bemerkung, ein umfallendes Glas, gefolgt von einem etwas zu langen Schweigen. Dann, quasi als Antwort, entlud sich schliesslich ein furioses Crescendo: »Jo nei! Jo nei! Das glaub i jo nid!«, polterte Onkel Georg plötzlich ganz laut los. »Hör doch uf, Georg! Das kasch grad vergässa! Säb säg dr also klipp und klar!«, konterte Ruadi, selbstbewusst wie immer. »Do han i denn au no a Wörtli zsäga! Und überhaupt: Sind iar eigentli alli no ganz bacha!«, das war natürlich mein Vater, der Bäcker, und es war noch lange nicht fertig.

Es ging hin und her und her und hin, und es ging um Land und um Geld. Und das Land gehörte der Familie und lag in einem Wald. Und das Geld lag in weiter Ferne, denn das Land war nichts wert, und das Geld war nur ein Traum. Aber wenn aus dem Land eines fernen Tages doch Bauzone würde? In Valbella, immerhin. Lenzerheide, verstehst du? Millionen! Ja sicher! Millionen! »Ach läck mr doch am Arsch, du huara Trottel!« Ich weiss nicht mehr, wer die Diskussion auf dieses neue Level gebracht hatte. Es war jedenfalls das Finale. Geklatscht wurde trotzdem nicht. Ja, man konnte beinahe froh sein, dass die Streithähne nur mit Worten und nicht mit Fäusten aufeinander losgingen. Die Faust machten sie im Sack. Dort waren auch die Autoschlüssel. Alle standen auf und verliessen das Fest. Nein, so gehts nun wirklich nicht!

Und die Frauen? Sie waren, allen voran Tante Margrit, viel zu klug, um sich einzumischen. Sie wussten, dass die Schmid-Männer, diese stumpfen Steinböcke, so einen Streit einfach brauchten. Hin und wieder wenigstens. Rundum zufrieden war ein Schmid sowieso nur, wenn er mit etwas unzufrieden war. Das hatten sie jetzt wieder einmal hinbekommen. Sie konnten also zufrieden sein. Meine Mutter stemmte sich gegen diese freudlose Verbohrtheit der Männer mit allem, was sie hatte: ihrem Glauben ans Schöne und ihrem Vertrauen aufs Gute. Das war natürlich zu wenig. Dass sie damit nicht durchkam, wäre die Untertreibung des Jahres. Kurz, sie stand auf verlorenem Posten – wieder einmal.

Und ich, ich stand ebenfalls herum. Und war grad etwas ratlos. Die Schmids stritten sich wie die Elstern, Dodis Familie, die Kipfmüllers, wusste gar nicht, wie man Konflikt schreibt. Sie sprachen sowieso lieber mit Hannes Meyer über Bachs Triosonaten. Meine Mutter sagte mir zum tausendsten Mal, wie blendend ich in den Sachen aussah, die sie für mich gekauft hatte. Was für eine Hochzeit! – Zum Glück hatte ich noch eine Flasche Weisswein beiseitegeschafft, hatte eine Ehefrau, die mir verliebt zuwinkte, und der Tisch unter dem Nussbaum war frei.

Ich komme auf die Welt

»Was!«, mein Vater schrie es fast. »Flitterwochen? Kasch grad vergessa!« Jetzt seien wir ja vier Monate in der Sahara gewesen. Vier Monate, man stelle sich das einmal vor, so viel Ferien habe er in seinem ganzen Leben noch nicht gehabt. Das sei ja ein Hohn! »Aber Papa, so Flitterwochen, die gehören doch zu einer Hochzeit dazu?«, sagte ich. »Wenn i nei säga, Rolf, denn isch nei, und zwar endgültig!« Sehr mühsam. Aber ich wusste, was in so Fällen zu tun war. Ich liess ihn einfach stehen. Er brodelte dann noch ein paar Tage auf kleiner Flamme weiter und lenkte dann schliesslich meistens ein, wenigstens halb. So auch diesmal: »Also wegen dieser Flitterwochen da«, sagte er irgendwann zwischen Tür und Angel, »von mir aus, ein verlängertes Wochenende. Das wird wohl langen, oder?« Mein Vater war zu jener Zeit halt auch mein Chef, darum musste ich fragen und letztlich auch parieren. Vater und Chef. Nein, das braucht wirklich kein Mensch.

Ein verlängertes Wochenende also. Das reicht natürlich hinten und vorne nicht für die Pineapple-Suite im »White Lotus« in Hawaii. Aber Soglio und Bergell, das schafft man. Und dort ist es ja auch sehr schön. Darum ist wahrscheinlich der bedeutendste Bündner Künstler, Alberto Giacometti, mit zwanzig auch abgehauen, nach Paris. Es war ihm einfach zu schön daheim. Künstler, wer versteht sie! Aber wir haben die Bergeller Schönheit ausgehalten, ohne Probleme. Ich als einfacher Büezer sowieso: Soglio, Coniglio, Marroni, Salami, Sunntig, Mentig. Und am Dienstag stand ich wieder in der Backstube und Dorothee im

Schulzimmer. Und das Leben nahm seinen Lauf. Aber da müssen Sie, geschätzte Leserin, werter Leser, ja nicht unbedingt dabei sein. Also machen wir einen Sprung. Einen grossen. Neun Monate später. Ich stand immer noch in der Backstube. Sie sehen, Sie haben tatsächlich nichts verpasst. Meine Frau hingegen stand nicht mehr im Schulzimmer vor fremden Kindern, sondern lag im Regionalspital in Thusis auf dem Schragen, denn ein eigenes Kind war auf dem Weg. Nein, nicht auf dem Schulweg. Auf dem Weg ins Leben. Und dann war es so weit und Peppina kam zur Welt. Sie erblickte den Piz Beverin, atmete zum ersten Mal echte Bündner Bergluft ein und schrie vor Glück. Oder vor Erleichterung oder einfach, weil alle Kinder schreien, wenn sie auf die Welt kommen, und sie nicht jetzt schon eine Ausnahme sein wollte.

Nachmittags um vier war alles überstanden, und wir waren wieder auf dem Zimmer. Peppina lag mit der Mutter im Bett. Beide völlig erschöpft und wunschlos glücklich. Ich war nicht erschöpft, aber trotzdem glücklich. Was für ein Gefühl, dieses kleine, neue Lebewesen im Arm zu halten! Und man weiss, wie man es halten muss, wie man es tragen muss. Weiss es ganz genau. Wahrscheinlich ist das irgendwo gespeichert. Man muss es jedenfalls nicht lernen. Man weiss bereits alles.

Also nicht ganz alles. Etwas wussten wir damals nämlich nicht, ja wir ahnten es nicht einmal: was für Veränderungen das Kind für uns in Zukunft bedeuten würde. Das ist nämlich nirgends gespeichert, kein bisschen. Und ich vermute fast, es hat einen Grund, dass man nicht weiss, was auf einen zukommt. Aber das sind vorläufig bloss Spekulationen, denn hier bin ich mit meinem Forschungsprojekt noch nicht ganz am Ende.

Dodi war müde. Kein Wunder. Peppina hatte ebenfalls keine Lust mehr, sich an unserer Unterhaltung aktiv zu beteiligen.

Eine gute Zeit, mich von meinen beiden Lieblingen zu verabschieden und dieses Wunder, diesen für mich ganz speziellen Tag noch ein bisschen alleine zu zelebrieren. Also alleine mit meinen Freunden natürlich.

Männer! Die ganze Schwangerschaft, die Veränderungen des Körpers und schliesslich das Mysterium oder besser gesagt Martyrium der Geburt, alles haben die Frauen zu tragen, und zwar ganz allein. Und dann kommt der grosse Tag, das Kind ist da, der Vater ist stolz und erwartet sogar noch, dass man ihm gratuliert. Die Frage ist einfach, wofür? Was hat er diesen neun Monaten entgegenzusetzen? Vielleicht drei Minuten, wenns hoch kommt.

Es war eine sehr lange Geburt und ein anstrengender Tag gewesen. Ich hatte etwas Hunger und war in der Festlaune des frischgebackenen Vaters. Ich musste mein unfassbares Glück doch einfach mit anderen teilen! Was heisst schon teilen, herausposaunen wollte ich es, und zwar sofort. Ich habe mich als Erstes für meine Schauspielkollegen in Chur entschieden. Erstaunlicherweise noch bevor ich meine Eltern informierte. Ich hatte zu jener Zeit eben noch kein Handy. Weil es noch nicht erfunden war, 1985. Das Kleingeld für eine Telefonzelle war zwar schon erfunden, aber ich hatte trotzdem keins. Also verschob ich das Telefonat und fuhr mit dem Auto von Thusis nach Chur.

Das Restaurant des Hotels Drei Könige war zu jener Zeit der Treffpunkt der Kulturschaffenden und ihrer Entourage. Und ich gehörte damals dazu. Noch nicht ganz vollwertig, aber eben irgendwie schon. In den Churer Freilichtspielen bin ich in tragenden Rollen besetzt worden und habe meine Sache ziemlich gut gemacht. Es gibt sogar Leute, die sagen, hervorragend. Aber das halte ich für etwas übertrieben.

Also Restaurant Drei Könige. Die Schauspieler und auch die -innen und ihre Autoren, Dramaturgen und Bühnenbildner sassen in der getäferten Bündnerstube. Massiver Kachelofen, dunkle Holzdecke, schwere Schiefertische. Natürlich hatten sie keinen Spass. Es ging schliesslich rund um die Uhr nur um Kultur. Das schlägt natürlich aufs Gemüt. Ich setzte mich irgendwo dazu. Vielleicht konnte ich Profibäcker und Amateurschauspieler ja etwas lernen in diesen endlosen Diskussionen von diesen tiefgründigen Leuten mit ihren hochfliegenden Plänen. Sie waren bereits mittendrin, und wieder einmal ging es um die Schauspielkunst im Besonderen und das Dramatische im Allgemeinen. Die ganz grosse Klammer, drunter machte mans ja nicht. Man begann bei Aristoteles und Sophokles, und ein paar Sätze später schon landete man logischerweise punktgenau bei Bert Brecht. »Hast du gewusst, dass seine ›Antigone‹ in Chur Premiere hatte?« »Ja sicher, das weiss jetzt aber wirklich jedes Kind! Und ausserdem heisst's nicht Premiere, sondern Uraufführung, und die war am 15. Februar 1948.« »Du weisst zwar alles, aber du spürst nichts!« – Ja, so war das in dieser Runde, jeder ein kleiner, aufgeblasener Selbstdarsteller auf den Schultern seines eigenen Minderwertigkeitskomplexes. Ausser ich natürlich. Ich hörte einfach zu und fragte mich, wen diese ollen Kamellen heute noch interessierten. Gut, wenn man um fünf Uhr schon eineinhalb Flaschen Barolo im Kopf hat, ist das Gesprächsthema vielleicht gar nicht mehr so wichtig.

Premiere! Ha, jetzt hätte ich fast mein Stichwort verschlafen! Auftritt Rolf: »Hört mal zu, i bin hüt Vater worda! As isch a Tochter! I bin so happy! I zahla-n-a Rundi!« Ich hatte nichts erwartet, und genau das habe ich bekommen: nichts, rein gar nichts. Keine Gratulation, kein »Jö, so schön!« von den Frauen, kein joviales »Gut gemacht, altes Haus!« von den Männern, einfach nichts. Nicht einmal für die Runde haben sie sich bedankt, mit keinem Wort. Da wurde mir klar, ich gehörte gar nicht dazu. Ich wurde nicht einmal geschätzt, war bestenfalls als Claqueur geduldet. Ach, dieses subventionierte Kulturpack in seiner eitlen Selbstüberschätzung. Sollen sie doch verblöden und verfaulen mit ihren stupiden Inszenierungen über die Tragik der Sprachlosigkeit, selber unfähig, sich im Leben zu artikulieren und zu orientieren. Versumpfen sollen sie in ihren besoffenen Probekellern. Ich habe sie nicht nötig. Ich kenne auch noch andere. Richtige Menschen, echte Freunde, die meine Freude gerne teilen! Das habe ich natürlich nicht gesagt. Wenn ich ehrlich bin, habe ich mich damals nicht einmal getraut, es zu denken.

Selbe Stadt, selbe Strasse, neun Häuser weiter. Restaurant Falken. Eine Beiz wie ein Zuhause. Da sassen sie, die Alternativen von Chur. Sassen da in ihren geräumigen, groben Wollpullovern, hatten bunte indische Baumwolltücher um den Hals drapiert, tranken lauwarmen Tee und rauchten Bidis. Damals durfte man ja noch rauchen. Und im »Falken« durfte mans nicht nur, man musste es beinahe, um dazuzugehören. So kam es mir jedenfalls vor.

Wie im »Drei Könige« diskutierten auch meine alternativen Freunde, was aber wenig Sinn machte, denn hier waren sich alle in allem mehr oder weniger einig: Geld ist schlecht, Beton erst recht, und Atomstrom und Autos sind sowieso unser aller Untergang. Bienenhonig ist hingegen gut und Batik und Töpfern natürlich auch. Und Kamasutra lesen und Hanf anbauen. Ohne Chemie natürlich. Weil schlecht. Eine schöne, einfache Welt und also genau der richtige Ort, um Freude zu teilen, Karma zu mehren und glücklich zu sein. Denn ein neugeborenes Kind ist wie Bienenhonig, es ist gut. Ich spendierte allen einen Tee, was wesentlich günstiger war als der Wein im »Drei Könige«, und erzählte, dass ich vor zwei Stunden Vater einer Tochter geworden sei. Dass sie Peppina heisse und dass ich unheimlich stolz und glücklich sei, jetzt eine kleine Familie zu haben. Aha. Das war zusammengefasst etwa die Reaktion. Es interessierte auch hier niemanden. Man war thematisch gerade beim Walfang (schlecht) und bei den Öltankern (ebenfalls schlecht) angekommen, und gegen diese riesigen Brummer und wichtigen Themen zog meine winzige Tochter natürlich den Kürzeren. Und um Interesse zu heucheln, waren sie wahrscheinlich zu blöd oder zu schlecht sozialisiert. Sie diskutierten unbeeindruckt weiter, schlürften meinen Tee und überlegten sich wahrscheinlich, wie sie im Windschatten des Kapitalismus, möglichst ohne zu viel oder überhaupt zu arbeiten, über die Runden kommen könnten. Diese weltfremden Spinner, diese nichtsnutzigen Tagediebe. Für den Tee bedankte sich auch niemand. Nicht mal die Frauen, die ja sozial irgendwie kompetenter seien, wie es immer heisst. Von wegen! Sollen sie sich doch alle wegkiffen und wegtöpfern, diese armseligen Schmarotzer. Ich war fast noch mehr enttäuscht als bei den arroganten Komödianten. Dort hatte ich es fast ein bisschen geahnt, das hier traf mich voll, denn ich hatte es nicht kommen sehen.

Jetzt wurde es in Sachen feiern langsam ganz schön eng. Aber es gab noch eine Möglichkeit, eine letzte, meine Tochter im Kreise von ein paar Freunden zu feiern: im »Central«, der Dorfbeiz von Rothenbrunnen. Sie gehörte meinem Cousin Conradin und seiner Frau Annabeth. Dort gab es reellen Wein und gutbürgerliches Essen. Und so etwas brauchte ich jetzt, denn die Wut in meinem Bauch war nicht so gross, dass sie meinen Hunger verdrängt hätte. Ich freute mich schon auf einen vollen Teller am grossen Stammtisch mit all den Einheimischen. Den

Bauern, dem Förster und dem Landmaschinenmechaniker. Und weit und breit keine grosskopfigen Provinzschauspieler und keine vernebelten Weltverbesserer. Im »Central« fand ich genau das, was ich jetzt brauchte, normale Leute.

Um halb sieben war ich beim Restaurant. Ich öffnete die Türe, und eine Wolke aus Stumpen-, Zigarren- und Zigarettenrauch schwallte mir entgegen. Ich sog ihn ein und war fast versucht, vor Freude zu schreien wie meine Tochter vor ein paar Stunden. Reine Bündnerluft, mit viel Liebe geräuchert! Ja, das war Heimat, und ich war angekommen. Endlich! Der Stammtisch war zwar voll, aber man rutschte rasch, und schon hatte es auch einen Platz für mich. So muss es doch sein! Ich fühlte mich augenblicklich wohl an diesem vertrauten, verrauchten Ort mit diesen bekannten Gesichtern. Die weissen Wände waren hellbraun vom vielen Nikotin. Irgendwann sagte Annabeth dann immer: »So, langsam müssen wir wieder mal mit weisser Dispersion drüber.« Neue Vorhänge wären auch nicht verkehrt, habe ich mir dann amigs gedacht, weil die rochen schon nach Glarner Chämisalami und sahen aus wie Fischernetze aus dem antiken Mesopotamien. Doch zurück zu meiner Mission. Gar keine Frage, hier würde es klappen. Also zündete ich mir in aller Ruhe eine Zigarette an, bestellte mir ein Glas Rotwein und etwas zu essen und verkündete dann, voller Stolz, dass ich heute Vater einer Tochter geworden sei: »Zur Feier des Tages geht die nächste Runde auf mich!«

Sie wissen natürlich schon, was kommt – und so war es dann auch: Meine frohe Botschaft stiess auch hier auf taube Ohren. Die Bauern redeten weiter über den katastrophalen Milchpreis, der Förster redete mit dem Mechaniker über gute Kettensägen, und Gioni redete wie immer mit sich selber. Er fragte sich, ob er jetzt auf meine Kosten einen Zweier Veltliner oder doch lieber nochmals eine Flasche Dunkles bestellen solle. Er wurde sich aber nicht einig. Denn es war doch eine recht schwierige Frage. Ich sass da und war etwas durcheinander – meine Geschichte interessierte niemanden. Weder hier noch anderswo. Das hatte ich jetzt begriffen. Ich war allein mit meiner Freude. Und auch sonst. Mein Essen war inzwischen parat. Maria, die aufgestellte portugiesische Serviertochter, kam mit dem Salat. Wie denn meine Tochter heisse, wollte sie wissen. Ah, endlich ein Mensch mit Interesse und Gefühlen! Ich sagte voller Stolz, sie heisse Peppina. Maria erstarrte kurz, schaute mich ungläubig an, lachte schliesslich schallend los und konnte schier nicht mehr aufhören. Ich war ziemlich irritiert. Maria klärte mich auf: Pepino heisse auf Portugiesisch Gurke. Hahaha, ist das lustig! Die Gurke, hahaha! Jetzt lachte die ganze Beiz. Ausser mir. Lachend und kopfschüttelnd verschwand Maria wieder in die Küche. Die Gurke, hahaha! Mir reichte es für heute. Ich drückte meine Zigi aus, stand auf und ging. Auf dem Weg zur Türe hörte ich noch, dass sich Gioni mit sich auf einen Zweier Veltliner geeinigt hatte. Aber das interessierte mich jetzt genauso wenig wie mein Essen, das jetzt irgendwo zwischen Küche und Stammtisch langsam kalt wurde.

Muss ich noch extra erwähnen, dass sich auch hier niemand für die Runde bedankte? Nein, das muss ich nicht. Also spare ich die Tinte und lasse es bleiben. Ach, diese elenden Dorfdeppen, Bauerntölpel und Proleten! Sollen doch in ihren Güllenkästen ersaufen, oder was weiss denn ich. Ich war dermassen am Ende, dass ich nicht mal mehr die Kraft für eine richtige Hasstirade hatte. Und das alles passierte an einem der bemerkenswertesten und schönsten Tage meines bisherigen Lebens, eine Schande war das!

Jetzt gab es nur noch meine Eltern, die ja auch in Rothenbrunnen wohnten und es jetzt noch drehen konnten. Immerhin, meine Tochter war ihr allererstes Enkelkind. Punkt neunzehn Uhr stand ich vor ihrer Türe. Der Zeitpunkt war nicht schlecht, gegessen hatten sie wie immer pünktlich um sechs, und die »Tagesschau« lief erst in einer halben Stunde, also um halb acht. »Ich bin heute Vater geworden. Das Kind ist gesund, ihr seid jetzt Grosseltern.« Meine Mutter hat erleichtert aufgeatmet, gelächelt und dann richtig gestrahlt und mir von ganzem Herzen gratuliert. Mein Vater. Ach, wie soll ich es bloss sagen! Er sass wie immer in seinem abgewetzten alten Ohrensessel in der dunklen Stube. Immer ohne Licht, weil, das brauchts ja nicht. Eine Bündnerstube aus dem Jahr 1548, verspätetes Mittelalter. Mein Vater schien mir damals genauso alt und genauso kalt wie dieser dunkle Raum. Die Begegnung war etwa so entspannt wie ein Kreuzverhör während der Inquisition. »Und?«, fragte mein Vater, knapp wie immer. Ich wusste genau, was er wissen wollte und dass er enttäuscht sein würde, also verzichtete ich darauf, das Ganze unnötig in die Länge zu ziehen. »Es ist ein Mädchen«, sagte ich geradeheraus. Lange Pause. »Soso, ein Mädchen also.« Wieder Pause. »Und, wie heisst jetzt dieses Mädchen?«, fragte er. »Sie heisst Peppina«, sagte ich. Diesmal gings ohne Pause weiter, denn den Namen fand er fast noch enttäuschender als das Geschlecht. Aber im Gegensatz zum Geschlecht konnte man den Namen ja noch ändern. »Peppina?«, sagte er. »Sicher nicht! Das ist doch kein Name. Aber macht ja nichts, das können wir ja noch ändern.« Mir wurde fast schlecht, ich wollte nur noch eins, raus, raus und fort. Ich drehte mich um und liess den Patriarchen und seinen Schatten im Mausoleum zurück und ging zwei Häuser weiter, nach Hause.

Allein. Endlich. Etwas trinken, etwas essen und diesen Tag möglichst schnell vergessen. Ich liess eine Hauswurst im heissen Wasser ziehen und machte mir dazu einen Salat. Unkonzentriert und unkontrolliert drückte ich fast eine halbe Tube Senf auf den Teller. Ich ging in den Keller und holte eine gute Flasche Wein, eine sehr gute und ziemlich teure. Wäre ja gelacht! Ich lass mir von diesen Künstlern und Kiffern, Proleten und Patriarchen doch nicht meinen besonderen Tag zur Sau machen! Ich brauche niemanden, um ihn zu geniessen! Ich kann auch alleine fröhlich sein! Und so weiter. Alles nichts als verzweifelte Durchhalteparolen. Ich wusste es ja selber. Der Tag war längst gelaufen, und er war schlecht gelaufen. Und so sass ich, traurig und allein, vor der Glotze mit dieser lauwarmen Wurst, dem vielen Senf und dem Wein, der irgendwie auch schlechter schmeckte als sonst. Es machte einfach alles keinen Sinn. Ich war ziemlich aufgewühlt. Ich wusste beim besten Willen nicht, was für ein Gefühl ich jetzt haben musste. Und mein Gefühl wusste es erst recht nicht.

Ich hätte an diesem Abend glücklich sein sollen, aber ich war nur noch enttäuscht. Plötzlich kam mir wieder in den Sinn, dass Peppina ja nichts anderes als ein Kosename von Josefina war. Und Josefina war der Name meiner Mutter! Es liess mir keine Ruhe. Und während mein Fernseher weiterplapperte, lief ich nochmals zu meinem Vater, um ihm zu sagen, er solle sich nicht so abschätzig zum Namen Peppina äussern. Schliesslich heisse seine Ehefrau, meine Mutter ja auch so. Josefina, also Peppina! Habe ich ihm alles gesagt, voilà! – Hat er den Fernseher leiser gemacht? Hat er seinen Kopf gedreht? Hat er mich angeschaut? Hatte er ein nettes Wort für mich? Was meinst du? – Und genau so war es!

Wähen und Wehen

Freitagnachmittag kurz vor Fiirobig. Und ich bester Laune. Vor den Fenstern herrschte herrliches Wetter, und vor der Türe stand das Wochenende. Ich war mit meinem Pensum durch und räumte und putzte in der Backstube herum. Plötzlich schellte das Telefon. Ich zuckte zusammen. Ja leck mich doch, habe ich gedacht, schrubbte weiter und liess es einfach läuten. Nützte aber nichts, denn das Telefon hielt länger durch als meine Nerven. »Ja hallo?« Es war Geri vom Hotel Reich in Summaprada: »Wia häsch?« – »Tipptopp! Und du so?« – »Ja, Geri, sehr viel Arbeit halt.« – »Was wetsch macha, Rolf, man darf sich nicht beklagen, wenns mal läuft.« – »Stimmt schon, es muss halt, Geri, es muss!« – »Jo, säg nüt, Rolf!« – »So isches, Geri!« – »Und sus so?« Denn es war ja logisch, dass da noch etwas kommen musste, etwas Gröberes.

Und so war es dann auch. Geri druckste zwar noch etwas herum, dann rückte er aber damit heraus: Es tue ihm ja leid, aber es habe sich bei ihm spontan noch eine Gesellschaft angemeldet. Spontan angemeldet, echt jetzt? Wie soll denn das gehen? Entweder spontan oder angemeldet! Dieser einleuchtende Geistesblitz nützte mir aber wenig, schon donnerte die Bestellung durchs Kabel: Die Gäste im Hotel Reich hatten spontan Lust auf eine Fleischplatte und eine Käseplatte. Beides für je fünfzig Personen. Und zum Znacht. Ja, heute. Also jetzt. Und wenn es ginge, mit diesen feinen kleinen Wähen auf der Käseplatte. Ob ich das machen könnte. Jo super! Dachte ich mir und sagte zu ihm: »Jo sicher!« – »Dank dir vielmals, Rolf, du hast bei mir was gut!«, sagte er. »Ja leck mich doch am Füdli!«, sagte ich laut. Natürlich erst nachdem ich aufgehängt hatte.

Praktisch im selben Moment bemerkte ich, dass das Wochenende nicht mehr vor der Türe stand, sondern in weite Ferne gerückt war. So ein Käse! Meine Frau hatte mich telefonieren gehört und kam die Treppe herunter in die Backstube. »Komm, ich helf dir, zu zweit haben wir das gschwinder erledigt«, sagte sie.

Eine gute Idee, die dann aber nicht funktionierte, denn Dodi war zu jener Zeit nicht hundert Prozent bei der Sache, sondern hundert Prozent schwanger mit unserem zweiten Kind. Das sind, in Monate umgerechnet, neun. Und zwar ganz genau. Immer wieder hatte sie Schmerzen und musste ein Päuseli machen. Um nicht lange um den heissen Brei zu reden und es in einem Satz zusammenzufassen: Ich machte die Wähen, sie hatte die Wehen. »Ich glaube, wir gehen jetzt besser Richtung Spital«, sagte sie irgendwann. Das passte auch für mich prima. Ich war mit meinen beiden Platten fertig, und das Hotel Reich mit den hungrigen Spontananmeldern lag sowieso auf dem Weg. Also Käse einladen, Fleisch einladen, Frau einladen. Die beiden kulinarischen Kunstwerke habe ich im Hotel abgeliefert und meinen hochschwangeren Liebling im Hospital.

Dort gings dann schnell los. Aber genauso schnell auch nicht mehr weiter, und das trotz Pressen und Drücken, Ziehen und Schieben, Kehren- und Drehenwollen. Irgendwann hatten die Mediziner dann ein Einsehen und machten eine Pause: »So kommen wir nicht weiter, und das Kind kommt auch nicht weiter.« Ins ratlose Schweigen hinein sagte ich: »Hm, es sieht mir ganz nach einer dorsoposterioren Schädellage aus.« – »Sie meinen ein Sternenguckerkind?«, fragte der Chefarzt. »Ja was denn sonst!«, sagte ich. Alles muss man selber machen! Die Ärzte berieten sich darauf kurz, entschieden sich dann, einen Kaiserschnitt zu machen und mich vor die Türe zu stellen. Jetzt sass ich also allein in einem gesichtslosen Nebenraum, hatte ziemlich Angst und drückte beide Daumen. Aber gar nicht so lange. Schon flog die Türe auf, und die gut gelaunte Hebamme brachte mir das Neugeborene. Die Mutter war noch in der Narkose, drum bekam ich das Kind zuerst. Es war ein kleines Ding und ein grosses Wunder. Ich war sprachlos, und das winzige Leben schaute mich an. Ich musste an all diese Tierfilme mit den Enten und Gänsen denken: Das erste Lebewesen, das sie sehen, wird automatisch zur Mutter und Bezugsfigur. Egal, ob es eine Gans ist oder Konrad Lorenz oder Rolf Schmid. Ich sah mich schon als stolzer Erpel oder Enterich und im Schlepptau meine Tochter, die mir jahrelang nachlaufen würde wie eine süsse, kleine Ente. Eine putzige, aber auch beängstigende Vorstellung. Letztlich war dann genau das Gegenteil der Fall. Fiona, so heisst unsere zweite Tochter, war schon in jungen Jahren überdurchschnittlich selbständig. Sie lief niemandem nach und vor nichts davon. Sie lief dorthin, wo sie wollte.

Im Wartezimmer im Regionalspital Thusis natürlich noch nicht. Dort wurde sie gewaschen, gewogen und in ein flauschiges, weisses Tuch gehüllt. Sie sah aus wie eine Prinzessin. Und ich fühlte mich wie ein König. Die Queen dämmerte sich derweil immer noch durch die Nacht der Narkose. Irgendwann wachte sie dann auf und bekam ihre kleine Tochter. Jetzt endlich war alles so, wie es sich gehörte. Und es wurde sogar noch besser! Man gratulierte, es wurde angestossen mit einem Schlückli Prosecco. Und dann, das stimmt jetzt wirklich, sangen die Schwestern und Hebammen »Happy Birthday«. Der Chefarzt sang zwar nicht mit, aber am Schluss sagte er dann doch noch ein paar Worte und bedankte sich für diese Überraschung an seinem Geburtstag. Und ich dachte schon ...

Ein Kaiserschnitt ist zwar keine Marsmission, aber auch kein Spaziergang. Dorothee musste zehn Tage im Spital bleiben. Ich erinnere mich gut an diese zehn Tage: Es waren für lange Zeit die letzten, in denen ich geschlafen habe. Fiona brauchte von Anfang an erstaunlich, um nicht zu sagen erschreckend wenig Schlaf. Eigentlich keinen. Und wenn ein Kind nicht schläft, ja genau, dann schlafen auch die Eltern nicht. Das ist ein physikalisches Gesetz aus dem Bereich der Akustik. Ich sage nur, die Schallquelle war herzig wie ein kleiner Butterzopf und laut wie zehn Rasenmäher im Hochsommer. Und das gefühlte achtzehn Stunden am Tag. Danke vielmals, Fiona!

Wie alle Kinder wurde auch Fiona irgendwann dann etwas leiser und erreichte Zimmerlautstärke. Schlaf brauchte sie immer noch sehr wenig, und in der wachen Zeit war sie sehr lebendig. Sie stellte tausend Sachen an und lernte hundert Leute kennen. Familienferien gingen dann immer etwa so: Wir kamen auf einem Campingplatz an, ich hatte noch nicht mal die Handbremse gezogen, schon war mein Wildfang weg, erkundete die Gegend und machte neue Bekanntschaften. Dann schleppte sie irgendwelche Buben und Mädchen an. Und Dodi und ich lernten dann deren Eltern kennen. Das Ganze endete regelmässig so, dass wir zwei Wochen lang jeden Abend mit unseren neuen Bekanntschaften assen, tranken und feierten, bis uns die Augen zufielen oder wir der Campingaufsicht auffielen. Je nachdem, was zuerst eintraf. Dann sahen wir es amigs ein, sagten uns Gute Nacht und gingen alle schlafen. Alle ausser Fiona natürlich, meine Sternenguckerin.

Der Pöschtler im Kreisssaal

So zieht das Leben dahin. Irgendwann ist man Anfang dreissig, hat zwei herzige Kinder und ein ausgewachsenes Burn-out. Stimmt natürlich nicht, in den frühen Neunzigern brauchte man das Wort noch nicht als Entschuldigung für jeden schlechten Tag. Damals waren junge Eltern hin und wieder einfach etwas am Anschlag. Auch meine Frau und ich. Das störte uns aber nur so lange, bis wir merkten, dass wir keine Ausnahme waren und alle anderen Familien mit zwei kleinen Kindern ebenfalls ab und zu am Rad drehten. Das war zwar sehr tröstlich, mehr aber auch nicht. Auf dem alltäglichen Schlachtfeld des praktischen Lebens bringt das Wissen, dass es andere auch nicht immer leicht haben, nämlich rein gar nichts.

Zu jener Zeit hatte ich noch meine Bäckerei, einen Laden und zwei Filialen mit insgesamt zwanzig Mitarbeitern und Mitarbeiterinnen. Mein Tagesablauf war zwar nicht kompliziert, aber ziemlich durchgetaktet. Ein drittes Kind würde das Ganze auch nicht gerade vereinfachen. Das wussten wir, aber wollten halt trotzdem noch eins. Kindersegen. Dazu gibts jetzt einen kleinen historischen Exkurs: Zu Zeiten Gotthelfs waren Kinder billige Arbeitskräfte, die schon mit fünf, sechs Jahren schaffen mussten. Aber wer viel arbeitet, hat auch grossen Hunger. Je mehr Kinder sie hatten, desto weniger hatten sie zu essen. Darum schickten sie ihre Kinder dann in die Fremde. Dort bekamen sie nicht nur zu essen, sondern auch Schläge und als Souvenir psychische Probleme mit auf den Heimweg. Es war einfach alles hinten und vorne nicht zu Ende gedacht damals.

Zur Zeit meiner Eltern wendete sich das Blatt dann. Die Kinder, also wir, wurden nicht mehr ausgenützt. Ganz im Gegenteil, die Eltern haben uns behütet und geschaut, dass schon in jungen Jahren ein paar Rappen auf dem Sparbüechli sind. Später haben sie uns Kinder dann zu einer soliden Ausbildung motiviert, also gedrängt, also gezwungen in meinem Fall. Das alles natürlich nicht ganz uneigennützig. Die Idee dahinter war klar: Je weiter es die Kinder bringen, desto besser haben es die Eltern beim Altern. Gut formuliert, aber leider falsch gedacht! Jedenfalls heute. Wir sind bald alt und brauchen gar nichts. Unsere Kinder sind noch relativ jung und brauchen alles. Aber nicht etwa für uns, ja nicht einmal für sich selber. Nein, sie brauchen alles für ihre Kinder, die, man ahnt es schon, es dann wieder für ihre Kinder brauchen werden, und so geht das immer weiter. Wir beobachten die Lawine dieses Schneeballsystems jetzt nicht länger, sondern kehren zu unserer Geschichte zurück.

Was ist der Unterschied zwischen einem Teppich und einem Bäcker? Der Teppich kann morgens um drei liegen bleiben! Das ist im Fall nur halb so witzig, wie es tönt. Mein Bäckerdasein war eine recht intensive, also im Klartext brutal anstrengende Zeit. Fünf Tage die Woche um drei Uhr aufstehen und um halb vier schon in der Backstube herumfuhrwerken. Ich und vier Mitarbeiter. Wir mussten jeden Tag Vollgas geben, denn wir produzierten Brote und das ganze Gebäcksortiment für acht Läden im Domleschg. Drei dieser Läden gehörten mir, fünf zum Volg. Ja, das waren dann schon ein paar Pfünderli und Gipfeli, die so zusammenkamen.

Um Punkt sechs Uhr musste alles verpackt und im Bus bereit sein für den Transport in die Läden. Ich fuhr dann los, drehte meine Runde und war so um acht Uhr wieder zurück. Dann ein schnelles Morgenessen, und weiter gings auch schon mit den Hauslieferungen im Tal. Gleichzeitig arbeiteten meine Mitarbeiter weiter in der Backstube. Am Mittag war alles parat für den nächsten Tag. Zwölf Uhr Zmittag. Dann drei Stunden schlafen.

Dann Büro, Buchhaltung und Bestellungen. Am Anfang hatte ich noch keinen Computer, nur eine elektrische Olivetti-Schreibmaschine. Wie alle anderen auch. Mitte der Neunziger habe ich mir dann einen modernen Computer geleistet. Wie alle anderen auch. Er war beige, sperrig, laut und langsam. Und teuer war er auch. Ich glaub, ich habe über zwanzigtausend dafür hingeblättert. Mit dabei war eine ausgeklügelte Branchensoftware, die ein aufgeweckter Primarschüler heute in der grossen Pause schreiben könnte.

Um neunzehn Uhr war es Zeit, einen Hebel zu machen. So sagt man dem Vorteig in der Fachsprache. Er war für das Brot am nächsten Tag. Und dieser Tag sah natürlich genauso aus wie der letzte. Und am Abend dieses Tages machte man dann den Hebel für den übernächsten Tag, der dann seinerseits wieder genauso ausschauen würde wie der letzte. Täglich grüsst das Murmeltier. Und das bringt mich extrem elegant weiter.

Denn weil Arbeit ja nichts bringt ausser Geld, braucht man noch ein Hobby. Zweimal pro Woche fuhr ich am Abend nach Cazis. Dort spielte ich Theater und probte mit meinem Theaterverein, den Muntanellas. Das heisst auf Romanisch Murmeltiere. Die Bühne war immer schon meine Leidenschaft. Ein Steckenpferd, das ich Ende der Neunziger ja zu meinem Beruf machte. Mit einem Schlag war ich jetzt nicht nur Bühnenprofi, sondern hatte auch kein Hobby mehr. Bravo, wie so vieles in meinem Leben habe ich auch das einfach nicht ganz zu Ende gedacht. Aber ganz unter uns: Wenn man immer alles zu Ende denkt, womit endet man dann? Ganz einfach, man endet damit, dass man ein Leben ohne Überraschungen führt. Und das will ja auch niemand, wenn mans ganz zu Ende denkt. Ich bin glaub, einmal mehr, vom Thema abgeschweift. Zurück zur eigentlichen Geschichte. Wir schreiben das Jahr 1991. Ich war ziemlich im Teig, und meine Frau war im sechsten Monat schwanger. Wir brauchten dringend Ferien. Es war Juni. Wieso nicht wieder einmal Korsika? Das war damals nämlich noch so richtig gut. Wie ja alles früher irgendwie viel besser war als heute. Aber diesen Schwachsinn kann man ja auch nur Leuten erzählen, die damals nicht dabei waren.

Unser Reisegefährt war ein spartanisch umgebauter Lite Ace. Nein, das war nicht mein Traumauto, sondern der kleinste und schmächtigste Bus von Toyota. Der grosse High Ace wäre meine erste Wahl gewesen, aber für den hat das Geld halt nicht gereicht. Und zwar hinten und vorne nicht. Damals war ich noch der irren Meinung, dass man etwas erst kauft, wenn man das Geld dafür zusammenhat. Mann, war ich naiv!

Wir tuckerten also zufrieden auf der Autostrada über die Po-ebene Richtung Fähre, Richtung Genua. Die Kinder schliefen hinten im Bus, meine Frau döste neben mir, und ich döste – nein, natürlich döste ich nicht! Obwohl die Strecke schon damals nicht wahnsinnig spannend war. Der Verkehr war im Vergleich zu heute natürlich nicht der Rede wert. Darum fiel mir das rote Auto im Rückspiegel auch sofort auf. Der Fahrer hielt die Spur nicht. Mal waren die rechten Räder auf dem Pannenstreifen, kurz später überquerten die linken die Mittellinie. Ein Hin und ein Her war das. Vor allem aber war der Flitzer sehr rasant unterwegs, wurde im Rückspiegel bedrohlich schnell grösser und machte keine Anstalten, uns zu überholen. Ma che cazzo! Das kunnt nid guat! Intuitiv drückte ich das Gaspedal durch bis zum Erdmittelpunkt, und mein Schutzengel half mir sogar noch dabei, aber mein schmalbrüstiges, blaues Kistchen beschleunigte natürlich nicht wie ein Lamborghini, darum krachte es dann doch ziemlich heftig, als uns der verwirrte Celentano von hinten rammte.

Die Front seines Alfa Romeos sah nicht schön aus. Unser Bus sah auch nicht schön aus, aber das hatte nichts mit dem Unfall zu tun. Es lag am hässlichen Design unseres praktischen Autos. Theoretisch ist zwar auch das Schöne praktisch, aber in der Praxis ist das leider nichts als eine Theorie. Diesen Satz müssen Sie wahrscheinlich zweimal lesen. Es geht weiter. Unsere Heckklappe war hinüber. Da klappte gar nichts mehr. Weder auf noch zu. Völlig egal, wichtig war nur eine Frage: Wie ging es unseren beiden Mädchen? Sie lagen während der längeren Fahrten jeweils hinten im Bus, auf unserem Bett. Natürlich ungesichert. Kindersitze, Spielplätze aus Schaumgummi und Sturzhelme fürs Sandkastenalter wurden erst später erfunden. Die Mädchen schliefen nach dem Crash erstaunlicherweise immer noch. Sie blieben in ihren Träumen und weit weg von einem Trauma. Wir hatten alle grosses Glück. Es war ein harmloser, kleiner Unfall. So schien es damals zumindest. Dass er viel später schwerwiegende Konsequenzen nach sich ziehen würde, wussten wir damals noch nicht.

Genau wie ich bekam natürlich auch Dorothee bei der Kollision einen heftigen Tritt in den Rücken. Dieser Tritt katapultierte uns dann mit voller Wucht in die Sicherheitsgurte. Mir hats nichts gemacht. Nicht weil ich schon immer ein harter Brocken war, sondern weil ich nicht im sechsten Monat schwanger war. Dass Daniel sieben Wochen zu früh auf die Welt kam, hat mit diesem Auffahrunfall zu tun. Kann man das beweisen? Nein, aber die Wahrscheinlichkeit, das haben mir verschiedene Ärzte bestätigt, ist ausgesprochen hoch. Und ob man es letztlich beweisen kann, was soll das bringen? Man muss nicht ergründen, wie es zu etwas kam, sondern damit umgehen, wie es ist. Das tönt schlau, ist aber bestenfalls halbschlau. Wahrscheinlich streiche ich diesen Satz in der zweiten Auflage. Oder was meinen Sie?

Weiter im Text. Wir regelten die Formalitäten. Das ging schnell, denn es war ja alles klar. Irgendwann strandeten wir dann irgendwo in Korsika auf einem schönen Campingplatz grad am Meer und entspannten uns. Also so, wie man sich halt entspannen kann mit zwei nicht schulpflichtigen Mädchen im Quecksilbermodus. Es war kurzweilig. Zwei Wochen, die sich nach zwei Wochen wie zwei Tage anfühlten. Jo nu! Chiasso, Bellinzona, Fontana Rossa respektive Rothenbrunnen.

Statt Meerwasser jetzt wieder mehr Teig. Ja genau, wir waren zurück aus Korsika und ich bereits wieder voll am Kneten und am Kalauern. Vorausschauend, wie ich schon immer war, hatte ich zwei meiner tüchtigsten Bäcker Ferien gegeben. Gleichzeitig! Eine Meisterleistung umsichtiger Planung. Und wer als Konsequenz doppelt und dreifach so viel schaffen musste, ist ja auch klar.

Der Termin von Daniels Geburt rückte langsam näher. Es bestand aber noch kein Grund zur Sorge, es war Anfang Juli, und der Termin war ja erst Mitte August. Am 4. Juli, einem ganz normalen Donnerstag, war ich mit meinem Bus irgendwo zwischen Rhäzüns und Fürstenau unterwegs. Der Laderaum mit frischem Brot, verschiedensten Brötli, Weggli, Linzertorten, Cakes und vielem mehr leerte sich langsam. Ich belieferte die Restaurants, Hotels und Beizen im ganzen Tal. Aber auch Privatleute, die einen Kuchen oder eine Torte bestellt hatten, bekamen von mir Besuch. Das ging manchmal ruckzuck, meistens aber nicht, denn natürlich nahm man sich damals noch

Zeit für einen kurzen oder manchmal auch längeren Schwatz. Die ganzen Gerüchte mussten schliesslich jemandem brühwarm erzählt werden, darin bestand ja ihr einziger Wert. Weisst du schon das Neueste? Nein, wusste ich natürlich nicht! Das ist ja allerhand! Also fünf Minuten hier, zehn Minuten da. Backstube trifft Gerüchteküche. Ich war gut gelaunt und nichts ahnend irgendwo auf meiner Runde, als zu Hause bei meiner Frau die Wehen einsetzten. Mich zu finden, war schlicht unmöglich. Also unmöglich nicht, aber man musste halt via Festnetz die halbe Route abtelefonieren: War er schon bei dir? Wann kommt er normalerweise? Siehst du ihn schon? Ist er bereits wieder weg? Wohin, hat er gesagt, geht er als Nächstes? Und so weiter. Wenn man in den Wehen ist, das habe ich mir sagen lassen, hat man nicht den Nerv, eine halbe Stunde vergebens in der Gegend herumzutelefonieren. Arme Dodi! Ich war irgendwo im Nirgendwo. Das Auto war auch weg. Nur die Wehen waren da.

Da schlug die grosse Stunde unseres Pöstlers. Gut, ihn einfach als Pöstler zu bezeichnen, wird Peter Jäggi, so hiess der tapfere Mann und Held dieser Geschichte, natürlich nicht gerecht. Der gebürtige Berner war nicht nur Briefbote in Rothenbrunnen, sondern seit über sechzehn Jahren Gemeindepräsident und beinahe ebenso lange Kreispräsident. Ein netter Mann. Aber auch ein Mann, der sich absolut nichts sagen liess, denn er, und nur er, bestimmte, was im kleinen Dorf zu tun und zu lassen war. Und weil das Leben ja nicht eindimensional ist, hatte auch der senkrechte, wackere Gemeindepräsident noch eine andere Seite. Eine eher waagrechte. Und die interessierte sich für Frauen. Immer wieder war es eine andere, und fast nie war es die eigene.

Der senkrechte Pöschtler sah nicht nur seine Chance, ein Held und unsterblich zu werden, er war – und das muss man also auch sagen – im Kern ein guter, verlässlicher Mann, der sich, als Dodi ihn fragte, keine Sekunde überlegte, was zu tun sei. Schon sass er im Auto und fuhr mit meiner von den Wehen gequälten, hochschwangeren Frau nach Chur ins Kantonsspital. Das Regionalspital in Thusis wäre natürlich näher gewesen. Dort war meine Frau während der Schwangerschaft in Behandlung. Die wussten darum, dass es eine komplizierte Geburt werden würde, wollten es auf keinen Fall vermasseln und sagten daher, Chur sei die richtige Adresse für so öppis. Die korrekte Entscheidung.

Sie kamen also an, und Peter, der Pöschtler, half Dodi, dem schwangeren Paket, aus dem Auto und begleitete sie zum Empfang. »Tausend Dank! Peter, du warst mein Retter, was hätte ich nur ohne dich gemacht!«, sagte Dodi. Nein, das sei doch ganz selbstverständlich, sagte darauf Peter. Er verstehe es sogar als seine Pflicht und sei überzeugt, jeder andere an seiner Stelle hätte es auch gemacht und so weiter und so fort. Der Gemeindepräsident kannte natürlich sämtliche Floskeln und abgedroschenen Redewendungen aus seiner langen politischen Laufbahn. Dann kamen die Krankenschwestern mit einem Bett oder Rollstuhl, und man rollte und eilte zusammen Richtung Kreisssaal. »Du muasch würggli nid mitkho, Peter, du häsch schu meh als gnuag gmacht«, sagte Dodi zum Pöschtler. Nein, er wolle sie jetzt, in dieser schweren Stunde, in der so viel auf dem Spiel stehe, nicht alleinlassen, das sei doch das Mindeste, wozu sind Freunde denn da, wenn nicht … et cetera pp.

Und Peter blieb bei Dodi. Zusammen ging es den Gang entlang, und dann nahmen alle den Lift in den oberen Stock, und schliesslich war man im Kreisssaal. Peter war immer noch an Dodis Seite und machte keine Anstalten, umzudrehen. Dodis Wehen wurden immer stärker, sie hatte also ganz andere Probleme. Als eine Hebamme Peter im Vorbeigehen fragte, ob er der

Vater sei, murmelte er nur etwas in seinen Bart. Die Hebamme aber liess nicht locker. Sie drehte sich um, schaute ihm in die Augen und wiederholte, zu allem entschlossen, mit rasiermesserscharfer Stimme:»Sind Sie der Vater des Kindes?« – »Nein, ich bin der Pöstler!«, sagte Peter, und da es ja wie ein Witz tönte, ergänzte er schnell noch, dass er natürlich nicht bloss ein einfacher Pöstler, sondern auch Kreis- und Gemeindepräsident sei, und im Grossrat sei er auch. Vom Kanton Graubünden sogar. Ja, das dann also schon. Hat ihm aber alles nichts genützt. In ihrem Revier hatte die Hebamme das Sagen. Da hätte Peter auch der Elvis Presley, der Dalai-Lama oder der amerikanische Aussenminister sein können. Sie wies ihm die Türe, und er musste wohl oder übel das Feld räumen und durfte nicht dabei sein, als meine Frau ihr Kind bekam.

Und während sich im fernen Chur solch absurde Szenen abspielten, sass ich seelenruhig auf der Sonnenterrasse des Restaurant Landhaus in Almens und trank nichts ahnend einen wunderbaren Café crème. Und die immer gleichen Stammgäste erzählten dazu die immer gleichen Geschichten. Während ich mit brandneuen, brühwarmen Gerüchten aufwarten konnte und natürlich im Nu zum Zentrum des Interesses wurde. Ab und zu schellte im Hintergrund das Telefon. Und ein Anruf war dann natürlich für mich. Es war meine Mutter.»Ja, in Chur, ja, im Kantonsspital. Ja, schnell, jetzt, sofort!« Ich erschrak fürchterlich, es war ja fast zwei Monate zu früh. Um Himmels willen! Ich liess alles liegen, die offenen Bestellungen sausen und bretterte mit dem halbvollen Bus nach Chur. Die Weggli, Bürli und Pfünderli fielen schon bei der zweiten Kurve aus den Harassen, die Linzertorten kullerten während der ganzen Fahrt nur so herum. Ich fuhr so schnell, dass ich nicht einmal Zeit hatte, auf den Tacho zu schauen. Und dasch uhuaraschnell im Fall!

Jetzt stand ich also im Bäckerkostüm am Empfang im Kantonsspital und sagte: »Ich bekomme ein Kind!« – »Aber warum tragen Sie eine Bäckeruniform?«, fragte das Fräulein. »Weil ich bald ein frischgebackener Vater sein werde«, antwortete ich. Nein, natürlich habe ich das nicht gesagt, sondern etwas ganz Normales. »Ich komme grad von der Arbeit« oder so ähnlich. Sie fragte dann: »Also ist Ihre Frau bei uns?« Ich darauf: »Ja, sie bekommt nämlich das Kind, nicht ich selber, wir haben das so geregelt.« Irgendwann schaltete sie dann geistig einen Gang hoch und nach einem kurzen, ziemlich hektischen Telefongespräch pressierte es auch ihr plötzlich extrem. Ich wurde im Eiltempo zum Gebärsaal begleitet. Sie stiess die Türe auf: Ich kam rein, und in dem Moment kam das Kind raus. Also wir sind praktisch gleichzeitig gekommen. Was für ein Finale!

Ich also fast zu spät, Daniel viel zu früh. Sieben Wochen! Seine nächste Station war eine Lungenmaschine. Damit er überhaupt eine Chance hatte. Für Dodi und mich begannen drei qualvolle Wochen. Alles hing an einem seidenen Faden. Wir wussten nie, ob Daniel leben wollte oder nicht. Wenn das Telefon läutete, zuckten wir zusammen. Ein paarmal schien der Lebensfaden zu reissen, und wir rasten ins Spital. Und hatten Angst. Nach fast vier Wochen hatte der kleine Daniel dann ein Einsehen und entschied sich definitiv. Für das Leben und für uns. Wir waren überglücklich.

Monate später haben wir seine Geburt dann gefeiert. Und dieses Mal feierte ich nicht alleine am Küchentisch wie bei Peppinas Geburt. Nein, die ganze Familie war da, sogar mein Vater fand einen Grund, sich zu freuen. Oder besser gesagt, er fand auch nach längerem Suchen einfach nichts, was er daran aussetzen konnte. Nach Peppina und Fiona, den beiden Mädchen mit den unüblichen Namen, endlich ein Bub und sogar mit einem anständigen Namen, mit dem er etwas anfangen konnte. Friede, Freude, Eierkuchen. Das sonnige Bild ungetrübter Freude verdunkelte sich ein Jahr später. Daniel stand nicht auf. Nie. Ein paar Schritte laufen? Unmöglich! Seltsam. Wir rätselten. Ein weiteres Jahr später dann die ärztliche Diagnose: Zerebralparese. Sie wird verursacht durch Fehlbildungen des Gehirns, die während der Entwicklung vor der Geburt entstehen. Oder sie entsteht durch eine Beschädigung des Gehirns vor, während oder kurz nach der Geburt. Die Symptome sind Bewegungsstörungen und Muskelsteife, also Spastik. Wir erfuhren, dass Daniel wahrscheinlich nie werde laufen können.

Und jetzt? Was macht man mit diesen Informationen? Und den ganzen Kausalzusammenhängen? Wars also letztlich der Unfall auf der Autostrada? Der dann die Frühgeburt ausgelöst hat, was dann den Einsatz der Lungenmaschine nötig machte? An der dann im Spital der entscheidende Fehler passierte?

Und was wäre, wenn? Wenn wir eine Stunde früher in die Ferien gefahren wären oder eine Stunde später? Und, und, und? – Inzwischen alles müssige Fragen! Heute ist Daniel zweiunddreissig Jahre alt. Er ist im Rollstuhl. Er macht Freude, er nervt, er ist lustig, er ist cool, und er gehört zu uns.

Daniel – Julia – Rom – Paris

Mein Sohn ist behindert. Schon von Geburt an. Man könnte sagen, seit Daniel laufen kann, ist er auf einen Rollstuhl angewiesen. Das tönt irgendwie ziemlich verkehrt, vor allem aber ist es wahnsinnig unpraktisch. Es kann manchmal aber auch sehr, sehr lustig sein. Von den nun folgenden Episoden wäre ohne Rollstuhl keine einzige passiert. Ja, Daniel und ich, das ist eine verrückte Geschichte: Manchmal verarscht er mich, und manchmal verarsche ich ihn. Aber am allermeisten verarschen wir zusammen alle anderen.

Im Rollstuhl sitzen ist nicht einfach nur anders, aber auch ganz okay. Nein, ist es nicht. Die Behinderung schränkt ein und schliesst aus. Einiges ist umständlich, vieles ist unmöglich. Da kann man Inklusion predigen und Integration probieren, bis die Rollstuhlreifen rauchen, es ist einfach so: Das Leben ist ungerecht. Integration oft nicht viel mehr als eine Illusion.

Eine Einschränkung, das war mir von Anfang an klar, muss aber ganz bestimmt nicht sein: Nur weil man im Rollstuhl sitzt, soll man weniger Spass haben und weniger Unfug machen dürfen.

Das Geheimzeichen

Handicapierte geniessen ein paar Privilegien. Das ist auch recht. So zahlen sie zum Teil keinen Eintritt bei Veranstaltungen oder Ausstellungen. Natürlich nicht, wenn das Handicap nur darin besteht, den Fuss verstaucht oder das Bein gebrochen zu haben. Nein, man muss schon richtig eingeschränkt sein. Daniel sieht man seine Behinderung nicht unbedingt auf den ersten Blick an. Und genau darum, um die Schwere der Beeinträchtigung jeder Kassenfrau klarzumachen, haben Daniel und ich ein Geheimzeichen abgemacht, und das geht so: Wenn ich Daniel väterlich über den Kopf streichle, legt er in Sachen Behinderung noch eins drauf. Manchmal auch mehr.

Schauplatz: Circus Knie vor der Nachmittagsvorstellung an der Kasse. Ich stand mit Daniel in der Schlange. Also er sass natürlich. Als wir endlich bei der Kasse waren, schob ich den Rollstuhl etwas beiseite, fragte nach zwei Tickets, sagte zu Daniel: »So, jetzt sind wir dann gleich im Zelt«, und strich ihm dabei sanft über die Haare. Das Geheimzeichen! Daniel startete seine Show. Zuerst ganz piano: Er wurde etwas unruhig, stöhnte, bewegte sich hin und her in seinem Rollstuhl, begann dann, mit dem Oberkörper vor und zurück zu wippen. Dann drehte er auf. Das Gestöhne und die unartikulierten Geräusche wurden immer lauter: Ein Leichtbehinderter spielt einen Schwerstbehinderten, was für ein Schauspiel! Es schien ihm selber zu gefallen und dann richtig Spass zu machen, denn er kam immer mehr in Fahrt. Obwohl es für zwei Freikarten längst gereicht hätte, begann er jetzt noch, zusätzlich mit den Armen zu rudern und den Kopf ruckartig hin- und herzubewegen. Ich bekam langsam etwas Schiss – wo würde das noch enden, wenn er weiter kein Halten kannte? Mit einem dreieinhalbfachen Salto mortale aus dem Rollstuhl?

So weit kam es zum Glück nicht. Die Frau an der Kasse hatte genug von Daniels Spektakel und wollte wieder ihre Ruhe. Sie winkte uns durch. Kaum im Zelt, beendete Daniel seine Performance und strahlte übers ganze Gesicht. Mission erfüllt, wir waren gratis im Circus Knie! Als Begleitperson kam ich auch umsonst rein und habe mich bei meinem Sohn in der Pause mit Pommes und Würstchen und Glace dafür bedankt. Das habe ich dann natürlich ohne Showeinlage bezahlt.

Die Premiere des Geheimzeichens war also bestens gelungen. In den folgenden Jahren haben wir diese Nummer bei verschiedenen Anlässen und in ganz verschiedenen Variationen wiederholt. Daniels Schauspielkunst wurde dabei, was Naturalismus und Glaubwürdigkeit seiner Rolle anbelangte, immer besser. Einzig mit dem Dosieren hatte er hin und wieder etwas Mühe. Er ist halt eine richtige Rampensau: Wenn er ein paar Zuschauer oder sogar ein kleines Publikum vor sich hat, ist er oft kaum noch zu bremsen, er legt sich voll ins Zeug, gibt alles und manchmal sogar noch mehr. Mich nimmt bloss wunder, von wem er das Rampensau-Gen wohl hat.

Il miracolo di Roma

Wir hatten mit Daniel einen Deal: Jedes zweite Jahr durfte er eine Stadt aussuchen für die traditionelle, jährliche Städtereise der Familie. Er sagte, er habe auch das Recht, die Welt zu sehen. Dieses Recht gibt es zwar nicht, aber das ist ja egal. Es ging damals mehr ums Prinzip als ums Recht, und letztlich ging es dann nach Rom. Denn da wollte er in jenem Jahr unbedingt hin. Wegen des Petersdoms – ich hatte keine Ahnung, was ihn daran so faszinierte. Aber schliesslich müssen Wünsche erfüllt und nicht diskutiert werden.

Wir fuhren mit dem Zug nach Rom. Das ist ein ganz einfacher Satz. Doch ich könnte alleine darüber ein ganzes Buch schreiben, aber kein besonders lustiges. Ja, wenn man einen Rollstuhl dabeihat, läuft manchmal gar nichts, und das, obwohl er ja eigentlich Räder hat.

Also Rom. Wir sind irgendwann dann doch noch angekommen und in einem recht guten Hotel abgestiegen, ganz in der Nähe des Vatikans. Man muss sich das Leben in den Ferien ja nicht selber unnötig verkomplizieren, ein Rollstuhl reicht also als Herausforderung ohne weiteres. Dann eine Calzone zum Znacht und schliesslich eine Mütze voll Schlaf, denn bereits der nächste Tag versprach happig zu werden. Und das wurde er auch: Rom mit Rollstuhl. Oft kein Trottoir, dafür tiefe Schlaglöcher, hohe Bordsteine und ein ewiges Verkehrschaos. Grazie mille, Daniel, für diese wertvolle Erfahrung!

Am zweiten Tag war es dann so weit, und wir besuchten den Vatikan, das Ziel von Daniels Sehnsucht. Der Petersdom war praktisch zum Greifen nahe. Nur noch wenige Schritte respektive Radumdrehungen entfernt. Kleiner Schönheitsfehler: Etwa eintausend Leute, die vor uns da waren und vor dem Petersdom warteten. Ich dachte mir, das ist doch kein Problem: Ich streichle meinem Liebling einfach übers Köpfchen, schon gibt er Gas, und zehn Minuten später sitzt er beim Papst auf dem Schoss oder wird von einem Kardinal persönlich durch die Basilika geschoben. Falsch überlegt. Denn Daniel war hier nicht der Exot mit dem Rollstuhl. Vor dem Hauptportal wartete eine ganze Armada an Rollstühlen. Daniel war bloss einer von vielen. Von sehr vielen. Vor allem aber war er ziemlich enttäuscht, dass er hier in der heiligen Stadt nicht seine so gut einstudierte Paraderolle zum Besten geben durfte.

Jetzt hiess es anstehen. Und warten. Und dummes Zeug überlegen: Wenn wir jetzt umkehren würden und morgen um halb sieben hier sein könnten, wäre die Schlange wahrscheinlich kürzer. Oder wieso nicht schon um halb sechs? Irgendwann waren wir dann drin. Im Dom. Weit oben Michelangelos himmlische Gemälde, tief darunter ruhelos das irdische Gedränge.

Und Absperrungen, Gitter und Schleusen, die an Flughäfen, Viehtransporte und Schlimmeres erinnerten. Und eine Endlosschlange aus Pilgern, Touristen, Nonnen, Chinesen, Influencerinnen, Taschendieben und Rollstuhlfahrern, die sich langsam ins Innere des Heiligtums schob. Das war für mich ziemlich öd, und mir taten langsam die Beine weh, denn es ging ewig. Daniel hatte es nicht besser, als Rollstuhlfahrer war er zwar nicht grad auf Arschhöhe, aber viel mehr sah er auch nicht von dieser heiligen Welt: Pilgerärsche, Touristenärsche, Nonnenärsche, Chinesenärsche und natürlich Influencerinnenärsche.

Und dann passierte es. Ich weiss heute noch nicht, wie Daniel auf die Idee gekommen ist. Es waren schon Stunden vergangen. Wir erreichten eine weitere Absperrung. Die Gruppe vor uns kam ein Level weiter, wir mussten wieder warten. Daniel erreichte die Absperrung mit einer Hand. Er zog sich samt Rollstuhl näher heran. Dann ergriff er das Absperrgitter, zog sich aus dem Rollstuhl hoch und rief aus voller Brust, mit dem erleuchteten Gesichtsausdruck der totalen Überraschung: »Ein Wunder! Ein Wunder ist geschehen! Ich kann gehen!« Er rief es in die Menge, wieder und wieder. Ich erschrak wahnsinnig. Dutzende Hälse reckten sich, hunderte Köpfe drehten sich in unsere Richtung.

Ich bin ja wirklich hart im Nehmen, aber das war selbst für mich als praktizierenden Grobhumoriker eine Nummer zu viel. Daniel liess sich zurück in seinen Rollstuhl fallen, drehte sich zu mir und sagte nicht ohne Stolz: »Gell, der war gut!« Ich wollte ihm die Freude in dem Moment nicht verderben und sagte darum: »Ja, Daniel, das war genial!« Das war natürlich eine fette Lüge, und das mitten im Petersdom. Ich hoffe, das hat später keine Konsequenzen, und Petrus macht mir an der Himmelspforte deswegen keine Szene: »Lieber Rolf, schön, dass du da bist. Ich könnte dich jetzt schon in den Himmel lassen, es spricht eigentlich nichts dagegen, aber ich muss dir ganz ehrlich sagen: Ich, ich, ich mag einfach nicht!« Und die himmlischen Heerscharen kriegen sich nicht mehr ein vor Lachen, und ich stehe dumm da in meinem züriweissen Hemd aus dem Globus und weiss nicht, wohin. Das wäre die Hölle.

Moulin Rouge

Zwei Jahre später. Daniel war wieder mit Wünschen dran. Seine Wahl fiel diesmal auf Paris. Nicht wegen des Eiffelturms, sondern wegen Julia Roberts. Daniel ist ein Julia-Roberts-Fan, wie es keinen zweiten gibt: Er kennt alle ihre Filme. Er besitzt sie alle. Alle als Videokassette, als DVD und Blu-Ray. Er hat sie alle gesehen. Wahrscheinlich hundertmal. Und eines dieser Julia-Roberts-Meisterwerke spielt in Paris.»Prêt-à-Porter« von Robert Altman. Ein schlechter Streifen. Er wird unter Freunden besonders langweiliger und zusammenhangloser Filme wegen seiner massiven Überlänge schon lange als Klassiker gehandelt.

Film ab! Wir waren also in Paris, und Daniel war gerade achtzehn geworden. Da zählte man eins und eins zusammen, und schon war man beim»Moulin Rouge«. Meine Frau hat dann reserviert. Es war ziemlich ausgebucht. Wir bekamen noch drei Plätze mit Champagner für die Show um zweiundzwanzig Uhr. Zwei Stunden vorher liefen wir los. Sicher ist sicher. Das»Moulin Rouge« liegt auf einer kleinen Anhöhe. Das wussten wir vorher nicht. Inzwischen weiss ich es. Es war ein sehr schwieriger Lernprozess und eine sehr steile Lernkurve. Als wir nach einer Stunde beim Etablissement ankamen, waren wir, also vor allem ich, fix und fertig. Ich sah aus wie ein Bauarbeiter nach Feierabend und habe wahrscheinlich wesentlich weniger blumig geduftet als Yves Saint Laurent in seinen besten Tagen.

Aber wir waren dort, immerhin. Wer schon mal vor dem »Moulin Rouge« war, weiss, wie es dort aussieht. Treppen links, Treppen rechts. Treppen vorne, Treppen hinten. Fast wie auf einem Bild von Escher. Nur eine Rampe für den Rollstuhl sucht man vor dem »Moulin Rouge« vergebens. Ein klarer Fall für eines der virtuosen Solos von Daniel. Einmal väterlich über die Haare gestreichelt, und on y va! Daniel gab alles. Bei dieser Oscar-würdigen Leistung unseres Sohnes hätte sogar Julia Roberts mit Tränen in den Augen applaudiert.

Die Wirkung von Daniels ergreifendem Schauspiel blieb nicht lange aus: Wir wurden innerhalb von wenigen Sekunden von zwei Security-Leuten bemerkt. Sie baten mich, Daniel, wenn das irgend möglich sei, zu beruhigen. Das war natürlich problemlos möglich. Sie schlugen dann vor, nicht die Direttissima über die Südflanke der Nordtreppe zu versuchen. Das sei viel zu mühsam, sie würden uns stattdessen ganz bequem durch den ebenerdigen Garderobeneingang zu unserem Platz bringen.

Das tönte nicht so schlecht. Der Weg durch die Garderoben des »Moulin Rouge«. Und es war in der Tat ein Traum: Keine Stufen und keine Treppen. Dafür Stoffe und Federn. Und jede Menge Tänzerinnen. Die einen waren halb angezogen, die anderen halb nackt. Sie huschten herum von einer Garderobe in die nächste und machten sich parat für die zweite Abendvorstellung. Ziemlich heiss das alles, und Daniel und ich machten auf extracool. Als ob eine Garderobe voll weiblicher Schönheiten für uns das Alltäglichste der Welt wäre. Ich hatte es natürlich keine Spur von eilig, also schob ich Daniel im Zeitlupentempo durch den Gang, um möglichst viel möglichst lange zu sehen. »Venez, venez!«, sagte der pflichtbewusste Monsieur von der Security immer wieder ganz ungeduldig.

Als wir bei unserem Tisch waren, hatten wir unseren Höhepunkt, die Backstage-Show, eigentlich schon hinter uns. Die eigentliche Vorstellung war dann aber wirklich auch nichts weniger als grossartig. Das musste sie auch sein, denn wir sassen etwas weit weg, und wenn es nicht wirklich grossartig gewesen wäre, hätten wir wahrscheinlich gar nichts gesehen. Meine Frau sagte: »Das war ja wirklich ganz grosse Klasse!« Ich sagte: »Also dieser Clown, der war wahnsinnig gut!« Daniel sagte: »Jetzt gohn i füra und ficka-n-eini dura!« Aber alles in allem war es ein gelungener Abend.

Le Marais

Wahrscheinlich ist es ein Ritual: Wenn man Ferien macht, und sei es auch bloss ein Städtetrip, muss man am zweitletzten Tag noch etwas shoppen gehen. Meine Frau hatte das wunderschöne Marais dafür ausgesucht. Im ursprünglich jüdischen Stadtteil von Paris befinden sich besonders viele hübsche Läden, Boutiquen, Restaurants und schöne Gassen.

Es war der Tag meiner Frau, und sie hatte alles für uns organisiert und sich diesen Tag redlich verdient. Das nutzte sie auch aus, und zwar reichlich. Sie ging hier rein, kaufte da was, probierte dort etwas und ging nochmals zurück. Kein Problem, es war ja ihr Tag. Daniel und ich waren zwei Gentlemen. Wir haben zwar die Augen etwas verdreht, aber ihr letztlich trotzdem viel Spass gewünscht.

So verstrich die Zeit. Etwas zu viel Zeit, in unseren Augen, denn auch den geduldigsten Gentlemen jagt es nach zweieinhalb Stunden im Shoppingschritt und Schneckentempo durch die immer gleichen drei, vier Gassen den Nuggi raus. Wir waren mürbe wie zwei Sablés vom letzten Jahr. Wir mussten etwas unternehmen. Es ging um nichts weniger als um die Moral der Truppe.

Ich hatte, einmal mehr, wie ich bescheiden betonen möchte, eine absolut brillante Idee. Die noble Beschreibung wäre: Ich führte meinen Sohn Daniel in die Grundlagen des Strassen-Improvisationstheaters ein. Und das unter besonderer Berücksichtigung pantomimischer Effekte. Die realistischere Beschreibung meiner genialen Idee: Daniel bettelt wildfremde Passanten um Geld an, und ich mache Fotos davon.

Natürlich hätte meine Frau diese Idee nicht toleriert. Nie und nimmer. Also warteten wir, bis sie wieder in einer Boutique verschwunden war. Es war ein kleiner Laden mit Lederwaren und sehr schönen, farbigen Handtaschen. Jetzt musste es schnell gehen. Daniel hatte sich bereits an einer Hausecke vor einer Wand positioniert. Er war extra etwas in sich zusammengesackt, hielt den Kopf ganz schräg, streckte beide Arme nach vorne und formte mit den Händen eine Schale. Seine Bettler-Geräuschkulisse dazu war ein kaum hörbares Wimmern, unterbrochen von einem gelegentlichen Seufzen. Es war äusserst authentisch. Als ich ihn so sah, habe ich vor Mitleid beinahe selber zum Portemonnaie gegriffen. Aber das war ja nicht der Plan. Also wechselte ich die Strassenseite und brachte mich in Position. Ich wartete auf ein paar wohltätige Passanten und schoss dann mehrere Fotos dieser das Herz erweichenden Szene. Keine zwei Minuten, und ich hatte ein paar Bilder im Kasten. Und Daniel hatte bereits drei Euro in der Hand. Da kam auch schon meine Frau aus der Boutique: »Na ihr zwei, habt ihr wieder mal was angestellt oder was?« Sie sah es uns an den Nasenspitzen an. Daniel und ich, wie aus der Pistole geschossen: »Nein, nichts, was denn angestellt?« Daniel steckte die drei Euro in die Tasche. Auf dem Weg zum Hotel gab er sie einem Bettler, der sie offensichtlich wirklich brauchte, aber, wie ich finde, weit weniger überzeugend und engagiert war als Daniel. Ein bisschen Mühe könnte man sich ja auch als Bettler geben, n'est-ce pas?

Alpsegen auf Abwegen

Plötzlich bin ich wach. Irgendjemand poltert und lallt laut herum. Der Lärm kommt von nebenan. Ich schäle mich aus dem Schlafsack und gehe nachschauen. Es ist Sepp, das alte Knechtli vom benachbarten Bauernhof. Er steht mitten in der Stube der Alphütte. Es geht ihm verschissen, was man auch seinen Gummistiefeln ansieht. Verängstigt und verwirrt fuchtelt der kleine, graue Mann unkontrolliert mit seinem Stecken herum, lallt weiter unverständliches Zeug und deutet immer wieder nach draussen. Zuerst verstehe ich kein Wort, was aber nicht an den fehlenden Zähnen oder am nassen Stumpen liegt, sondern an Sepps Sprachbehinderung. Die hat er schon, seit ich ihn kenne. Langsam beginne ich, den Sinn seiner Aufregung zu erahnen. Er hat offenbar nicht nur die Kontrolle über sein Leben etwas verloren, sondern auch seine Kühe. Die ganze Herde ist weg. Die Tiere grasen jetzt nicht mehr auf seiner Wiese, sondern ziehen aus in alle Richtungen, um die Welt zu entdecken oder ihre Work-Life-Balance ins Lot zu bringen. Ja, was wissen wir denn schon, was in Kühen so alles vorgeht! Man kennt ihr Innenleben einfach zu wenig. Von den Kutteln und Leberli vielleicht mal abgesehen. Sepp weiss jedenfalls auch nicht, was die Kühe wollen, aber er weiss, was er von mir will. Er packt mich am Ärmel und zerrt mich aufgeregt vor die Alphütte. Und in der Tat: Überall bimmelt und wimmelt es von Kühen. Auch dort, wo sie gar nicht hingehören.

Kurz darauf steht auch Hardy in der Türe. Unrasiert und irritiert. »Ohni Kafi lauft gär nüt«, sagt er und hat damit natürlich einmal mehr überhaupt nicht recht, denn die Kühe laufen, wie man sieht, auch ohne Kaffee. Weiter und weiter, bis man sie nicht mehr sieht. Aber so weit lassen wir es und sie nicht kommen. Ich packe einen Wanderstock, drücke Hardy einen alten Regenschirm in die Hand. Das Knechtli übernimmt die Leitung des Unterfangens respektive des Einfangens. Und eine knappe halbe Stunde später ist die Welt wieder in Ordnung. Die kleine Welt des Knechtlis und unsere Welt, die – seien wir doch ehrlich – letztlich ja auch keinen einzigen Quadratmeter grösser ist als seine. Sepp hat sich beruhigt und sitzt wieder fest im Sattel. Sein Stumpen raucht und stinkt mit dem Töffli um die Wette, mit dem er wacklig davonknattert.

Wir befinden uns in Kunkels. Es ist eine kleine Alp hinter dem Calanda. Meiner Familie gehört dort eine Alphütte. Natürlich stilecht ohne Strom. Für Hardy und mich ist Kunkels weniger eine schöne Alp als vielmehr ein unverzichtbares Ritual: Wenn es darum geht, ein neues Comedy-Programm auf die Beine zu stellen, diskutieren wir manchmal ums Wann, aber nie ums Wo, Kunkels ist gesetzt. Seit zwanzig Jahren. Und das mit Erfolgsgarantie: Eine Woche dort, und drei Viertel des Programms sind fixfertig. Tönt sehr einfach und ist es auch. Jedenfalls heute.

Und wann fängt eigentlich die Geschichte an? Ich würde sagen, jetzt, und das heisst im konkreten Fall: Die ganze Geschichte begann schon ein paar Tage früher. Es war Samstag, der 14. März 2020. Wir hatten in Landquart eingekauft, Hardys Auto bis unters Dach mit Lebensmitten, Cola, Wein und Bier vollgestopft und standen in Vättis vor der Schranke. Die Strasse war gesperrt. Wintersperre. Wegen des Schnees und der Lawinen. Ich hatte ein paar Tage zuvor mit dem Verantwortlichen der Gemeinde telefoniert, und der hatte gesagt, es gehe wirklich gar nichts. Dann habe ich alle Register gezogen – es war mir selber schon etwas unangenehm –, aber dann gings dann eben doch. Okay, er komme und öffne für uns die Schranke. Zwei Uhr? Ja, zwei Uhr, das passe perfekt!

Punkt zwei standen wir vor der Schranke, und er stand neben uns und auch etwas neben sich, denn plötzlich ging wieder gar nichts. Wegen der Lawinen. Sagte er. Das war aber nicht die Wahrheit. Jedenfalls nicht die ganze. Es ging ihm vor allem um die anderen, die dort ein Ferienhüsli hatten, zu dem sie wegen der Sperre nicht mit dem Auto fahren durften. Die hätten uns gesehen und dann natürlich gesagt: Schau, der Duri lässt wieder einen fahren. Das stinkt mir also gewaltig. Wahrscheinlich hätten sie es etwas anders formuliert. »Aber Duri, ich verstehs einfach nicht, du hast mir vorgestern am Telefon doch fest zugesagt?«, sagte ich, denn ich war wirklich erstaunt. »Jo schu«, sagte er verlegen und studierte dabei angestrengt, wie er aus dieser Nummer wieder rauskommen könnte. Schliesslich hatte er eine Idee. Und das ist ja immer positiv, wenn man nicht problemfixiert, sondern lösungsorientiert denkt. Wir könnten ja, so meinte er nach einer Weile, unser ganzes Zeug in seinen Gemeinde-Jeep laden, und dann würde er uns hinfahren, und unser Auto könnten wir die paar Tage ja einfach hierlassen. Das sei gar kein Problem.

Hardy sah das etwas anders: Sein neuer Luxusschlitten auf einem zwielichtigen Parkplatz mitten im Wald, und das eine ganze Woche lang, damit hatte er ein Problem. Was heisst ein Problem, es kam für ihn schlicht nicht infrage. Das sagte er dem Duri aber nicht ins Gesicht, sondern er machte folgenden Schachzug (Matt in zwei Zügen). Eröffnung Hardy: »Okay, einverstanden, genau so machen wir es! Wir laden jetzt unser ganzes Gepäck von meinem Benz in deinen Jeep um.« Nach einer winzigen rhetorischen Pause dann der Gewinnzug:»Aber wenn an meiner G-Klasse nach einer Woche etwas ist, egal, wie klein oder wie gross, dann ist das dann natürlich nicht mein Problem, das verstehst du ja sicher, dafür bist dann du allein verantwortlich.« Schachmatt! Nein, das hatte der Gemeindearbeiter nicht kommen sehen. Er stand etwas überrumpelt und ratlos da, und man sah ihm richtig an, dass sein Hirn auf Hochtouren arbeitete. Ja was war jetzt die bessere Strategie? Eine blöde Bemerkung von einem neidischen Ferienhausbesitzer über sich ergehen lassen oder richtig Scherereien wegen Schäden an einem teuren Auto?

Seine Lösung überraschte uns: Er kramte den Schlüssel aus der Tasche, öffnete die Schranke, wünschte uns eine gute Woche und liess uns weiterfahren. Seinen zweiten Zug spielte er erst am nächsten Tag: Er hob die Wintersperre auf. Die Strasse war ab sofort auch für alle anderen passierbar. Gut gespielt, Duri! Die Schranke schloss sich hinter uns, und wir fuhren die restlichen Kurven bis zu unserem Ziel. Von Schnee weit und breit keine Spur. Für einen grossen Schneemann oder eine kleine Lawine hätte man wahrscheinlich den Schnee aus dem ganzen Tal zusammenkratzen müssen, und es hätte doch nicht gereicht.

Schliesslich kommen wir in Kunkels an, wo der Brunnen vor der Alphütte plätschert und wo es erstaunlicherweise in der Gegenwartsform weitergeht. Wir räumen unser Zeug ein, machen eine Flasche Wein auf und freuen uns schon aufs fröhliche Schaffen. Es beginnt am nächsten Tag. Ich wache auf. Es stinkt nach Rauch. Hardy ist also am Kaffeekochen. Aber dann würde es ja nach Kaffee riechen. Tut es aber nicht. Weil er zuerst ein Feuer machen muss. Aber dann würde es ja knistern. Tut es aber auch nicht. Weil es nicht brennt. Das liegt an diesem komplizierten Ofen mit den verschiedenen Rohren und diversen Klappen, von denen kein Mensch weiss, ob man sie jetzt auf- oder zumachen muss und in welcher Stellung sie überhaupt auf oder zu sind. Selbst Hardy weiss es nicht. Dabei steht neben diesem undurchschaubaren Ofenmysterium ein simples, praktisches Gaskocherli parat. Aber gell, diese Studierten halt mit ihrem diffusen Hang zur Romantik. Einfache Genüsse sind die letzte Zuflucht der Komplizierten, zitiert er dann immer. Das mag schon sein. Andererseits ist ein Kaffee am Morgen ja auch nicht zu verachten. Man muss ja nicht aus jeder Alltäglichkeit eine Pfadfinderübung machen. Ich drehe mich nochmals auf die andere Seite und warte, bis es nach Kaffee riecht, was es dann doch erstaunlich schnell tut.

Ich stehe auf und schlurfe langsam in die Küche. Wir begrüssen uns knapp. Hardy ist auch kein Morgenmensch. Und vor allem: Er sieht ein bisschen scheisse aus. Ich wahrscheinlich auch. Ja das kommt davon, viel zu wenig Schlaf und etwas zu viel Wein gestern Abend. Wenigstens rauchen wir beide nicht mehr. Etwas später sitzen wir vor der Hütte am Tisch in der Sonne beim Zmorga. Ich könnte auch Frühstücken schreiben, aber inzwischen ist halb elf vorbei, und ich weiss nicht, was daran früh sein soll.

So wird es Mittag. An Arbeit ist nicht zu denken. Schliesslich sind wir ja keine Frühaufsteher, sondern Künstler. Oder wären es zumindest gerne. Aber natürlich ist Hardy kein ernst zu nehmender Autor, und ich bin auch kein richtiger Schauspieler, denn wir beschäftigen uns ja mit lustigen Sachen. Und obwohl die Komödie im Theater unwidersprochen als das schwierigste Fach gilt, schauen die richtigen, die ernsten Künstler, also die, welche Kulturpreise bekommen, natürlich auf einen Kabarettisten und seinen Schreiberling herab. Vielleicht auch, weil wir keine Preise brauchen, da wir ja ein Publikum haben. Aber das ist natürlich nur eine Unterstellung. Eine böse noch dazu.

Ach, die Kunst! Ich beschäftige mich in Kunkels sowieso lieber mit existenzielleren Fragen. Eine davon lautet:»Wemmer a Wurscht uf da Grill tua, was meinsch?« Ich weiss nicht, wieso ich das noch frage, denn ich habe in all den Jahren noch nie eine andere Antwort als»Ja« bekommen. Wenig später brennts, dann glühts und glimmts, und schliesslich grillts. Und jetzt ist es ja so: Ein paar Würsten beim Grillen zuzuschauen, ohne ein Bier in der Hand zu halten, ist beinahe unmöglich. Wir haben es mehr als einmal versucht. Und sind immer gescheitert. Im eiskalten Wasser im Brunnentrog neben der Hütte stapeln sich die gekühlten Flaschen. Die wollen wir auf keinen Fall wieder nach Hause nehmen. Also pffft und pffft und»Viva!«.

Zwei Bier später ist es dann auch schon vier. Oder ist es umgekehrt? Egal, irgendwie müsste man jetzt so langsam in die Gänge kommen. Wir sind ja nicht auf einem Ponyhof, sondern auf einer Kuhalp. Ja, man müsste, man müsste! Aber wir haben beide noch keine Lust zum Weiterschreiben. Zum Glück gibt es einen Ausweg. Das weiss jeder, der in einem grösseren Unternehmen arbeitet: Statt zu arbeiten, kann man auch einfach über die Arbeit reden. Das sieht von aussen fast so aus wie Arbeit, ist aber viel einfacher. Also reden Hardy und ich über das, was wir gestern bereits geschrieben haben.

Mal liest er eine Passage, mal spiele ich eine Figur oder improvisiere, und wir wissen praktisch sofort, ob aus der Idee etwas wird oder nicht. Wir sind schnell. In fünf Tagen schreiben wir eine Stunde Programm, und zwar fixfertig. So schnell waren wir nicht immer. Bei unseren ersten Programmen haben wir vieles noch nicht gewusst und darum auch massenhaft Fehler gemacht: Tagelang an schlechtem Material herumgeschraubt und geflickt, um es dann irgendwann doch wegzuschmeissen, stundenlang Schlusspointen gesucht, die keinen Menschen interessiert haben, und die Zeit mit anderem irrelevantem Kleinkram verplempert.

Inzwischen ist es sechzehn Uhr. »Jetzt hani grad a kliises Hüngarli zäma«, sage ich. Hardy versteht das. Immerhin haben wir seit beinahe zwei Stunden keine feste Nahrung mehr zu uns genommen. Und vor allem wissen wir, dass es in der Küche noch einheimischen Alpkäs und Condis hausgemachte Salami hat. »Wemmer dazua an Roota öffna?« Sieht aus wie eine Frage, ist aber keine, denn der Zapfen ist längst draussen, und die Weingläser stehen auch bereits auf dem Tisch. Ja ich bin eben auch önologisch ein richtiger Kenner. Als solcher weiss ich natürlich, dass gerade die Riojas der Sechs-Franken-fünfzig-Preisklasse etwas atmen müssen, um all das zu entfalten, was nicht in ihnen steckt.

Zwanzig Uhr. Draussen ist es inzwischen kalt und dunkel. Wir sitzen in der Stube. Ich hatte vor Wochen eine Idee für eine Nummer, die ich jetzt mit Hardy besprechen möchte. Ich krame meine Notizen hervor und beginne, am Tisch sitzend, zu improvisieren. Hardy filmt das Spektakel, und ich erzähle meine Geschichte und improvisiere weiter und weiter, bis einfach nichts mehr kommt. »Wow, da müssen wir nichts mehr texten, das schreiben wir wortwörtlich ab!«, sagt er. Eine Stunde später haben wir die geschriebene Nummer vor uns. Neunzig Prozent davon werden bis zur endgültigen Fassung wörtlich stehen bleiben. Wir verdichten noch einige Passagen, bauen das eine oder andere Wortspiel ein und ergänzen die Nummer mit einem unerwarteten Schluss. Fettig!

Nicht alle Nummern entstehen nach diesem Schema. Eigentlich die wenigsten. Oft ist eine kurze Notiz, ein Textfragment der Ausgangspunkt. Manchmal ist auch ein einziger Satz die ganze Idee hinter einer Nummer. Bei »I mag eifach nid« war das der Fall. Mich faszinierte zunächst einfach dieser Satz. Weil er etwas Anarchisches und Asoziales hat. Und man ihn als Erwachsener eigentlich gar nicht benutzen kann, denn einfach nicht zu mögen, funktioniert bei uns ja nicht als Entschuldigung, jedenfalls nicht als sozial akzeptierte. Daraus bezieht ja die ganze Nummer ihre Komik.

Jeder von uns hat immer eine Handvoll Sachen dabei, Sätze und Situationen, die wir dann in mühseliger Kleinarbeit veredeln oder mit einem Schlag verdammen. Die meisten Nummern entwickeln und schreiben Hardy und ich im Dialog. Vom Anfang an bis ganz zum Schluss, und der ist dann oft erst spät in der Nacht.

Früher wurde es noch später. Aber wir sind ja keine Teenager mehr. Also schreiben wir nicht mehr bis vier oder halb fünf in der Früh, sondern machen etwa um zwei Schluss. Irgendwann werden die Augen halt schwerer, die Einfälle weniger und immer unbrauchbarer. Was uns bis halb zwei oder so nicht in den Sinn gekommen ist, ist vielleicht halt einfach noch nicht reif.

Nach zwanzig Jahren und zehn Programmen funktionieren Hardy und ich wie eine geölte Maschine oder ein altes Ehepaar. Allerdings nicht immer. Halb drei. Wir sind natürlich beide schon weit über dem Zenith. Nicht nur geistig, auch emotional. Hardy versucht mir verzweifelt und etwas verkrampft eine Passage, die er gerade getippt hat, zu verklickern. Ich kann mich beim besten Willen nicht dafür begeistern. Einfach nicht. Immer diese überschlauen, selbstverliebten Wortspiele! Eins türmt er aufs nächste, und wenn man denkt, jetzt ist dann aber gut, gehts im gleichen Stil noch drei Zeilen weiter. Oder drei Seiten, bis es dann wirklich niemanden mehr interessiert. Das ist doch alles nichts. Ausser redundant natürlich. Mir fehlt da oft Anarchie und Dissonanz. Humor aus dem Bauch, kantig und grob, statt aus dem Kopf dieses groteske schöngeistige Gesülze. Ach, ich weiss es doch auch nicht.

Also sage ich stattdessen zu ihm: »Hardy, los zua, es ist einfach nicht gut. Du schreibst ja wie ein Religionslehrer!«

Offensichtlich ein Blattschuss, denn er bellt unverzüglich zurück: »Weisst du was, Rolf: Dann machs doch einfach selber! Ja, schreib diesen Seich in Zukunft doch alleine. Ich habe schliesslich auch noch andere Interessen!«

»Ja, Hardy, das merkt man!«

»Was, wieso?«

»Ja offensichtlich bist du hier nur noch halb bei der Sache.«

»Aber sicher, Rolf, genau das wirds sein! Nur weil du es nicht gut findest, heisst es noch lange nicht, dass es nicht gut ist.«

»Weisst du, Hardy, ich müsste es halt schon selber gut finden. Schliesslich stehe ja ich damit auf der Bühne. Und was soll ich dann dem Publikum sagen, ha? Liebe Leute, die nächste Nummer ist jetzt nicht so der Knaller? Ist das dein Konzept?«

»Nein, das ist intelligenter Humor.«

»Nein, es ist nicht lustig«, sage ich.

»Es muss auch nicht immer alles lustig sein«, sagt er.

»In meinem Programm schon«, sage ich.

»Nein!«, sagt er.

»Doch!«, sage ich.

»Es ist einfach nicht gut und basta!«, wiederhole ich, denn für mich ist das Thema noch nicht vom Tisch.

»Ist es schon, Rolf, aber das ist sowieso nicht der Punkt. So wie du meine Texte dann auf der Bühne manchmal bringst, also hinrichtest, könnte man schon fast sagen, mit all deinem Stottern und den Fehlern ist es ja eigentlich sowieso scheissegal, was ich schreibe. Ja, scheissegal! Die einzigen Sätze ohne Fehler sind ohnehin die, welche du vor lauter Nervösi vergessen und darum ausgelassen hast.«

»Das stimmt überhaupt nicht!«, verteidige ich mich.

»Nur schade um die viele Arbeit und um meine Zeit«, sagt er und schlüpft damit gekonnt in die Opferrolle.

Das kann ich natürlich auch und erst noch viel besser als er: »Weisst du was, Hardy, vielleicht bin ich für deine Texte einfach zu blöd.«

»O nein, jetzt kommt er wieder mit der Akademikernummer!«, sagt Hardy und verdreht bereits genervt die Augen.

»Aber ist doch so! Ist doch so! Ich habe eben nicht studiert wie du«, sage ich.

»Aber Rolf, hör doch uuf, darum gehts doch gar nicht!«

»Vielleicht eben doch, Hardy!«, sage ich.

»Nein!«, sagt er.

»Doch!«, sage ich.

»Aber nomol«, wiederhole ich, »was soll denn an diesem Text, bitteschön, lustig sein?«

»Ja, wenn du es nicht merkst, Rolf!«

»Nein, ich merke es nicht Hardy, wirklich nicht. Wo genau soll es denn sein, das Lustige? Etwa zwischen den Zeilen? O wie raffiniert! Das Lachen, das einem im Hals stecken bleibt? O wie originell! Suchst du das etwa, ha? Das interessiert mich aber alles nicht! Hat es noch nie! – Oder ist pointenfrei jetzt das neue Anspruchsvoll? Nei, hör mr doch uuf! Ich will mein Publikum unterhalten und nicht belehren, verstohsch. Können ja ein Buch lesen, wenn sie etwas lernen wollen. Und lesen können.«

»Ja, ja, ja, ich habs ja begriffen«, sagt Hardy nach meinem Monolog.

»Logisch, hast ja studiert«, sage ich und bleibe in der Rolle.

»Here we go!«, sagt er.

»Machen wir jetzt endlich Fiirobig?«

Hardy schaut auf die Uhr: »Jo, ist ja auch schon wieder halb vier.«

»Und gell, Hardy, dieses Fingerzeigzeug streichen wir morgen raus!«

»Das kasch also grad vergessa!«, sagt er.

»Säb wemmer denn no luaga!«, sage ich.

»Nein!«, sagt er.

»Doch!«, sage ich.

Schmetterlingseffekt

Es war wieder einmal so weit. Wir durften unsere beiden Enkel übers Wochenende hüten. Also durften... Am Schluss lief es dann einmal mehr auf ein Müssen hinaus – aber vor allem war es wieder ein elender Krampf!

Drei und fünf Jahre, das ist ein Alter, in dem, das habe ich irgendwo gelesen, diese Lappen vorne im Hirn noch nicht richtig verdrahtet sind. Anders ausgedrückt, Kinder in diesem Alter haben keine lange Leitung, sie haben noch überhaupt keine Leitung, sind also ziemlich dumm und vor allem extrem anstrengend. Und das drei ganze Tage! Danke vielmals, liebe Tochter, und danke auch dir, lieber Schwieger-Dingsbums, ist doch wahr!

Und dann hört man immer: Weisst du, es ist zwar streng, aber die sind dir dann das ganze Leben lang dafür dankbar. Dummes Zeug! Stimmt hinten und vorne nicht! Weil, wie gesagt, diese Lappen im Hirn sind in dem Alter einfach noch nicht entwickelt, da wird nichts gespeichert, gar nichts. Nein, in so ein Hirn, da geht rein gar nichts rein! Das wissen wir ja aus eigener Erfahrung. Oder wer, bitteschön, kann sich denn noch erinnern, was seine Eltern mit ihm alles Tolles unternommen haben, als er drei war! Kein Mensch! Vielleicht haben sie etwas gemacht, vielleicht haben sie auch nichts gemacht. Das hätte man dann erst recht vergessen. Alles fort und weg. Ich weiss auch nicht, wohin. Hier ist jedenfalls nichts mehr ausser der Fortsetzung dieser Geschichte.

Drei, zwei, eins: drei Tage, zwei Kinder, ein Problem. Also haben meine Frau und ich ein Programm gemacht: Schiff fahren auf dem Bodensee, gefolgt von Blumen schauen auf der Insel Mainau. Dort hats auch ein Schmetterlingshaus. Da waren wir natürlich auch drin, aber nicht besonders lange. Mein Enkel – also in so Momenten ist er eindeutig eher der Enkel meiner Frau –, also der Enkel meiner Frau versuchte, Schmetterlinge mit der blossen Hand totzuschlagen. Er versuchte es so lange, bis er einen erwischte. Einen mit leuchtend blauen Flügeln. Ein besonders schönes, ziemlich grosses, aber offensichtlich etwas zu langsames Exemplar. Wir wurden natürlich auf der Stelle vom Tatort entfernt und aus dem Paradies geworfen von einem Schmetterlingswärter oder Flugbegleiter oder Lepidopterologen oder wie die heissen. Und die anderen Leute haben alle geschaut, und der Enkel meiner Frau war sogar noch stolz auf seinen feigen Schmetterlingsmord. Das war alles ziemlich peinlich. Aber ganz unter uns: Man muss diese Flattermänner ja auch nicht unbedingt so tief herumfliegen lassen. Was haben die denn am Boden zu suchen, wenn Kinder im Haus sind! Sollten sie doch selber merken. Aber bei den Insekten ist das Hirn halt auch eher eine Baustelle. Also wie bei kleinen Kindern.

Wieder daheim haben uns die beiden Buben dann die Wohnung innerhalb von Minuten auf den Kopf gestellt und einen ganzen Liter Sirup mit extra viel Zucker – denn zu Hause bekommen sie keinen, also wollen und bekommen sie bei mir etwas mehr –, also einen ganzen Liter Sirup auf den frisch geputzten Holzboden geschüttet. Und wieso? Nein, nicht weil sie es besonders lustig fanden, sondern weil diese Lappen im Hirn noch nicht richtig verdrahtet sind. Sie sind nicht nur dumm im Kopf, der ganze Körper ist noch etwas dumm. Vor allem die Arme und die Hände. Und sie bewegen sich drum dumm. Und nur drum landete der Sirup nicht im Glas, sondern der ganze

Krug in hohem Bogen auf dem Boden. Einem uralten Tannen-holzboden wohlverstanden, wo die Fugen zwischen den Brettern schon relativ gross waren. Also danach nicht mehr, denn sie waren ja zugeschüttet mit Zuckersirup, der sich langsam kristallisierte und so komische Töne machte, wenn man drauf herumlief: chtsch, chtsch, chtsch, chtsch! Mann, ehrlich! Sie werden dir das ganze Leben lang dafür dankbar sein. Jo wohr-schiinlich! – Und was habe ich davon? Einen ruinierten Holz-boden, der noch knistert, wenn ich fünfundachtzig bin! Aber dann höre ich es wahrscheinlich sowieso nicht mehr.

Eine alte Frau, die ich ein paar Tage darauf im Dorf getroffen habe, hat mir gesagt:»Weisst, Rolf, ab und zu eins aufs Füdli schadet gar nichts. Nein, das hat noch niemandem geschadet.« Recht hatte sie natürlich, das Problem bei dieser Geschichte ist einfach, dass sich die Kinder auch daran nach zwei Sekunden nicht mehr erinnern. Wie Hundewelpen!

Ein Mann, der dabeistand, so um die fünfzig, mischte sich ein und sagte:»Vor zwei Generationen hat der Vater oft nicht gewusst, was er der Familie zu essen auf den Tisch stellen soll-te!« Ich war etwas irritiert:»Tschuldigung, aber was hat das jetzt mit meinen beiden Enkeln zu tun?« Er darauf:»Ja nichts.« Ich:»Ja, dann sei doch einfach still, wenn du nichts zum Thema beizutragen hast, und lass mich mit deinen Geschichten in Ruhe!« Das liess er aber nicht, sondern fing noch einmal von vorne an:»Aber wahr ist es halt trotzdem: Noch vor zwei Ge-nerationen hat der Vater oft nicht gewusst...« Er nervte ziem-lich, und ich sagte:»Ja, ja, ja, ist jetzt gut, ich habs ja verstanden, und ausserdem: Heute ist das noch genauso. Einfach woanders und nicht mehr bei uns.« Die alte Frau sagte darauf:»Egal, ob hier oder anderswo, ab und zu eins aufs Füdli hat noch nieman-dem geschadet.«

Mir wurde das alles langsam zu blöd, und ich wechsle darum das Thema:»Das Problem, und zwar das grosse Problem, ist heute, dass wir einfach zu viele Informationen haben. Informationsflut. Trotzdem meinen wir immer noch, wir müssen überall dabei sein, über alles Bescheid wissen, überall mitreden können. Und das geht einfach nicht. Unmöglich. Denn während wir uns noch schlaumachen und herauszufinden versuchen, wie alles läuft, verändert sich schon wieder alles und wird komplizierter und noch komplizierter, und wir ...«

Die alte Frau unterbrach mich:»Ach, was ist denn da kompliziert? Gar nichts! Ab und zu eins aufs Füdli, und gut ist.« Der Mann darauf:»Ja, Informationen, Informationen! Schon ein Wahnsinn, was man heute alles weiss. Wenn man bedenkt: Noch vor zwei Generationen wusste man viel weniger. Der Vater hat zum Beispiel oft nicht gewusst, was er der Familie zu essen auf den Tisch stellen sollte.« Ich dachte:»Wer zieht bei dem mal den Stecker!« Ich war schon recht genervt und wurde darum auch relativ laut:»Ja verdammt noch mal, der Vater, er hats ja geschafft, deine Vorfahren zu ernähren! Er hats ja geschafft! Sonst wärst du ja gar nicht hier, du Depp, und gingst mir mit deinem langweiligen Seich auf den Senkel!« Ich habe den alten Sack und die alte Schachtel dann einfach stehen lassen und bin weitergegangen, sonst stünde ich wahrscheinlich jetzt noch dort.

Zu Hause warteten schon meine beiden Enkel. Sie empfingen mich, wie immer sehr lieb und vor allem sehr laut. Ich hatte meine Jacke noch nicht ausgezogen, bombardierten sie mich bereits mit Fragen:»Wo bisch gsi?« – »Fort.« – »Warst du weit weg?« – »Ziemlich.« – »Was hast du gemacht?« – »Verschiedenes.« – »Wieso bist du eigentlich auf der Welt?« Hoppla! Auf diese Frage hatte ich keine einsilbige Antwort parat und sagte darum: »Noch vor zwei Generationen wusste der Vater manchmal nicht, was er der Familie zu essen auf den Tisch stellen sollte. Wenn er es nicht geschafft hätte, wären meine Eltern schon als Kinder verhungert. Dann wäre ich nicht auf der Welt. Und wenn ich nicht hier wäre, wärt ihr erst recht nicht hier. Das ist eine Art Schmetterlingseffekt. Ja, so ist das. Eure Mutter war früher eine Tochter, denn alle Eltern waren früher Kinder. Und sogar ich war einmal ein Kind, bevor ich älter wurde.« Meine beiden Enkel staunten mich mit grossen Augen an. Natürlich verstanden sie keine Silbe. »Hats noch Sirup?« – »Nein.« – »Wann gehen wir wieder ins Schmetterlingshaus?« – »Nie.«

Die Mutter aller Torten

Lisbeth Mansers grösster Wunsch war eine Schwarzwäldertorte. Das verriet mir Giovanni, der Küchenchef des Heims, in
dem ich während der Pandemie hin und wieder als Bäcker aus-
half. Mit so einer Torte könne man der Jubilarin eine riesige
Freude machen, sagte Giovanni, und immerhin feiere sie ja
morgen ihren Fünfzigsten. Ich hatte Frau Manser noch nicht
persönlich kennen gelernt, wollte ihr ihren grössten Wunsch
aber gerne erfüllen.

Für einen gelernten Konditor wie mich ist eine Schwarzwäldertorte natürlich keine echte Herausforderung, sondern eine
eher langweilige Geschichte. Aber ich hatte gerade mehr als
genug Zeit und dachte darum: »Dieser Frau mach ich jetzt eine
ganz spezielle Freude, die wird staunen!« Ausserdem meldete
sich wieder einmal mein Berufsstolz. Auf die Schnelle etwas
zusammenzukleistern, kam also gar nicht infrage. Nein, heute
wollte ich meine Schwarzwälder auf ein ganz anderes Level
heben. Der Goldstandard, das Spitzenmodell der Referenzklas-
se und nichts weniger sollte es werden. Kurz gesagt: die Mutter
aller Schwarzwäldertorten.

Ich begann mit dem Biskuitteig und wandte schon da alle
Tricks an, die mir einfielen. Ein Gedicht! Und das war erst die
erste Strophe. Nächstes Thema: Marzipan. Ich musste es unbedingt wieder einmal selber herstellen. Mit den Maschinen vom
Heim, die eigentlich nicht dafür gedacht waren, war das gar
nicht so einfach. Aber man wächst ja mit den Herausforderun-
gen. Ich schaffte es und formte aus meinem selbst gemachten

Marzipan fünfzig zartrote Röschen samt hellgrünen Rosenblättchen. Die Torte selbst überzog ich dann mit Rahm und einer weissen, speziell verfeinerten Buttercreme – das Meisterwerk sollte sich ganz in Weiss präsentieren. Dann machte ich aus hauchdünn ausgewalztem Marzipan einen schön geschwungenen Streifen, auf den ich mit lauwarmer Kuvertüre schrieb: »Alles Liebe zum 50. Geburtstag!« Als Schrift wählte ich eine gotische Fraktur, Schriftschnitt extrafett. Erstens passt der zur fetten Buttercreme, und zweitens ist es die einzige Schrift, die mir mit einem Dressiersack einigermassen gelingt. Jetzt musste ich noch herausfinden, wo die vielen Röschen platzieren. Auf einem Blatt Papier habe ich verschiedene Varianten aufgezeichnet und mich dann für eine entschieden. Ich verteilte die Röschen auf geometrisch perfekten konzentrischen Kreisen. Die cremeweissen Seiten der Torte verzierte ich mit weissen Marzipangirlanden. Am Schluss sah meine Schwarzwäldertorte aus wie eine französische Rokoko-Kommode oder die prämierte Abschlussarbeit eines übermotivierten Konditorlehrlings.

Irgendwann schaute Giovanni in die Küche und erkundigte sich, wie weit ich sei. Ich sagte:»Gerade fertig geworden. Hat etwas länger gedauert, als ich gerechnet habe, aber ich glaube, es hat sich gelohnt.« Dann öffnete ich den Kühlschrank, nahm meine Torte vorsichtig heraus und präsentierte ihm, nicht ohne Stolz, mein Meisterwerk:»Tadaa! Frau Manser wird Augen machen, ich wette, so eine Torte hat sie noch nie im Leben gesehen.« Giovanni sagte:»Da hast du zweifelsohne recht, Frau Manser ist blind.« – »Nein!« – »Doch.« – »Ohhh!«

Showbusiness

Gelungene
Begegnungen

Laudatio aufs Radio

Ich setzte mich ins Auto und fuhr los. Langsam und leise durchs Dorf. Kein Mensch war am Fuhrwerken, keine Maschine am Knattern, nichts rührte sich. »Dieses Rothenbrunnen ist wirklich ein verschlafenes Kaff«, dachte ich. Andererseits war es zehn nach vier am Morgen, also noch stockfinster, vielleicht hatte es ja auch damit zu tun.

Das Interview war in Zürich, und zwar um sechs in der Früh. Nicht meine Idee. Ich hatte deswegen bei Peter, meinem Manager, mehrmals gestürmt: »Wieso kann man das denn nicht am Vortag aufzeichnen?« – »Nein, das geht nicht.« – »Aber wieso denn nicht, Peter?« – »Das wollen sie halt nicht.« – »Aber wieso nicht?« – »Nein, Rolf, das machen sie einfach nicht.« – »Aber wieso?« – »Keine Ahnung.« – »Na okay, wenn das so ist, Peter, dann ist das halt so.«

Als gelernter Schweizer sass ich zwanzig Minuten zu früh in der Lounge von Radio Energy in Zürich. Mit einem Automatenkaffee aus dem Plastikbecher und schlechter Laune aus verschiedenen Gründen. Ich war müde vom Aufstehen, zerknittert vom Autofahren und fühlte mich etwa so entspannt wie im Wartezimmer vor einer Wurzelbehandlung. Ausser dass es dort keinen Kaffee gab und hier keine Diplome an den Wänden.

Interviews, ich gebe es ja zu, waren noch nie meine Lieblingsdisziplin. Ist ja verständlich: Als Sportler oder Politiker kannst du irgendeinen langweiligen Bockmist erzählen, und niemandem fällt etwas auf. Weil, man erwartet ja nichts anderes. Von einem Comedian hingegen erwarten alle, dass er privat so lustig ist wie auf der Bühne, originell drauflosplaudert und schlagfertig jede Frage mit einem Wortspiel oder einer Pointe pariert. Also vielleicht erwartet das gar niemand, aber ich denke, dass es erwartet wird. Und habe nicht selten das Gefühl, zu wenig lustig zu sein. Bei den Interviews entpuppt sich meine Angst dann aber meistens als falscher Alarm.

Und jetzt gehts auch bereits los. Türe zu, Kopfhörer auf, Mikrofon ein, und schon stellt mir Roman Kilchsperger die erste Frage:»Rolf, bist du gut aufgestanden heute Morgen?« Ich sage dann:»Weisst du, Roman, normalerweise stehe ich ja nicht so früh auf, aber ich habe heute extra den Wecker gestellt. Also gestern, wenn mans genau nimmt. Gestern Abend hab ich ihn gestellt, heute Morgen hat er geschellt.« Nach diesem fulminanten Auftakt plätschern bereits drei Songs plus die aktuellen Verkehrsmeldungen über den Sender. Dann, also gut zehn Minuten später, gehts weiter:»Für alle, die erst jetzt eingeschaltet haben, bei mir ist Rolf Schmid, der Bündner Kabarettist. Rolf, gell, du spielst demnächst im Hechtplatztheater?« – »Ja genau, Roman, und zwar am 24., 25. und 26., und ich freu mich natürlich sehr darauf, wieder einmal in Zürich zu spielen.« Diese konzentrierte Informationsflut verlangt förmlich nach einer musikalischen Verschnaufpause. Also wie gehabt: drei Stücke, zehn Minuten plus die aktuellen Verkehrsmeldungen. (Der Stau am Gubrist hat sich inzwischen aufgelöst.) Dann gehts weiter:»Für die, welche erst jetzt zugeschaltet haben, heute Morgen bei mir ist Rolf Schmid. Rolf, du fährst jetzt wieder ins Bündnerland?« – »Ja genau, Roman, so ist es, ich fahre wieder nach Hause, in d Berga uf Graubünda-n-uffa.« Dann ist mein Interview auch schon vorbei. Dreimal Gute-Laune-Musik, und dann ist es wahrscheinlich Zeit für die deprimierenden Nachrichten.

Als ich über den Parkplatz gehe, ruft Peter, mein Manager, an. Er war um sechs noch nicht wach, wieso auch, und fragt darum:»Na, Rolf, wie wars?« Ich sage:»Super!« Und er dann:»Die Hechtplatz-Termine?« Ich dann:»Sind im Interview drin!« Er:»Gut gemacht!« Ich:»Aber sicher!«

Natürlich fahre ich dann nicht nach Hause, sondern zum nächsten Interview. Wieder eine Radiostation. Auch dieser Sender hat einen englischen Namen, weil das halt schon was hermacht und Zürich immer noch gerne eine Weltstadt wäre. Ganz so lässig wie Energy tönt Sunshine natürlich nicht. Das könnte auch ein Jugendtreff in Schmerikon, eine Autopolitur im unteren Preissegment oder eine Coverband aus dem Tirol sein. Ist aber ein Radio.

Bei Radio Sunshine erwartet mich eine sehr attraktive und sehr motivierte Moderatorin. Sie heisst Hannah, Selina oder Jasmin, ist wahrscheinlich zwanzig, sieht aber aus wie sechzehn und musste mich zuerst googeln, weil sie keinen blassen Schimmer hatte, wer ich bin. Das gibt sicher ein tolles Interview. Nicht weiter schlimm, die Hörerinnen des Radios sind wahrscheinlich halb so alt wie Chantal respektive Sarah. Egal, wie das Interview läuft, diese Hörerinnen und Hörer kommen sowieso nicht ins Hechtplatz.

Im Gegensatz zu Roman, dem Routinier, ist Samira neu und nimmt das Ganze noch ernst. Vermutlich hat sie nicht nur mich gegoogelt, sondern auch, wie man ein Radiointerview macht:»Zehn Fragen, die den Content deines Narrativs megaspannend machen!« Als Zweites kommt dann auch prompt die Standardfrage:»Rolf, wenn du dein Leben nochmals von vorne anfangen könntest, gibt es etwas, was du anders machen würdest?«

Da muss ich kurz studieren. Erstens, ob das eine besonders schlaue Frage ist; vor allem aber, zweitens, ob ich wirklich etwas anders machen würde, wenn ich die Chance dazu hätte. Allzu lange darf ich natürlich nicht studieren, weil die Sendung ja live ist. Da kann man Rolf Schmids gesammeltes Schweigen nicht einfach rausschneiden. Also sage ich, nach einer ganz kurzen Pause: »Wirklich eine sehr gute Frage, Adlina! Also was würde ich anders machen? Nicht viel, aber etwas schon: Ich glaube, ich würde keine Bäcker-Konditor-Lehre mehr machen. Nein, da würde ich mich, wenn ich nochmals von vorne anfangen könnte oder müsste, wohl dagegen entscheiden.« Dann denke ich kurz nach und muss lachen: »Weisst du, Anna, eigentlich habe ich mich schon im gelebten Leben gegen die Bäckerlehre entschieden, und zwar ganz entschieden. Es hat aber nichts genützt, weil es niemanden interessiert hat damals. Weisst du, es war halt noch nicht die Zeit, in der Kinder ihre Eltern als Kumpel betrachtet und mit Vornamen angesprochen haben. Fairerweise muss ich aber sagen, dass es zwischen meinem Vater und mir trotzdem praktisch keine Meinungsverschiedenheiten gegeben hat. Denn Meinung gab es ja nur eine – seine.« Saskia ist geschockt oder verwirrt. »Wow, das ist ja voll krass!«, sagt sie. »Und wie gehts jetzt weiter, Rolf, fährst du jetzt wieder ins Graubünden rauf?« – »Ja, Joëlle, ich denke, das mache ich jetzt voll!«

Walo Lüönd und ich

Die Schauspieler und Dialoge waren so hölzern wie die Alphütten und Heuställe im Hintergrund. Die Neunzigerjahre in Kombination mit dem Schweizer Fernsehen. Heute liegt der triviale Kitsch längst auf dem Miststock der Geschichte, damals wars eine erfolgreiche Serie:»Die Direktorin«. Eine Gemeinschaftsproduktion mit dem ZDF immerhin. Lokalkolorit fürs Farbfernsehen. Mitte der Neunzigerjahre holperten und flimmerten zwei Dutzend Episoden über die heimischen Röhrenbildschirme. Mit dabei waren Schauspiellegenden wie Hannes Schmidhauser oder Stephanie Glaser.

Ich hatte in zwei Folgen dieses Machwerks einen Auftritt. Einmal eine kurze Dialogszene, und einmal wars sogar nur eine einzige Einstellung. Bei dieser war ich knapp vier Sekunden im Bild. Als Sanitäter musste ich auf die Frage, ob jemand mit dem Krankenwagen mitfahren könne, sagen:»Nein, nein, es ist besser, Sie fahren mit Ihrem eigenen Auto.« Das wars. Ich habe aus diesem Satz gemacht, was ich konnte, aber das Ganze war einfach zu kurz und die Zeit zu knapp, um jemanden an die Wand zu spielen oder eine Oscar-Nomination für die beste Nebenrolle zu bekommen. Die längere Szene dauerte immerhin eine Minute und einundvierzig Sekunden. Zwar immer noch nicht ganz Spielfilmlänge, aber ich hatte ein paar Zeilen Text, konnte etwas daraus machen, und das Wichtigste: Mein Partner bei diesem Dialog war kein Geringerer als Walo Lüönd.

Wenn ichs nur nicht vermassle! Ich war ziemlich nervös. Ich kleiner Furz neben der Schauspiellegende aus Kurt Frühs

»Dällebach Kari«, Rolf Lyssys »Die Schweizermacher« und natürlich als Kriminalassistent Hase im unvergessenen Klassiker »Die unsichtbaren Krallen des Dr. Mabuse«. Wir kamen direkt aus der Maske und standen am Set parat. Abgepudert, putzt und gstrählt. Unsere Dialogszene war die nächste. Walo wirkte ganz ruhig. Ein Profi, ohne Frage. Wir redeten nicht viel. Eigentlich gar nichts. Irgendwann, mitten ins Schweigen hinein, fragte er: »Chasch din Text?« Ich hatte meine sechs Sätze stundenlang geübt und sagte drum: »Jo jo, i kanns sicher.« Und während ich es sagte, war ich mir plötzlich nicht mehr so ganz sicher und schaute nochmals auf meinen Spickzettel. Ja, alles kein Problem!

Dann gings auch schon los: »Ton ab, Kamera läuft und – Ägschn!« Ich spielte einen Schalterbeamten der Graubündner Kantonalbank. Walo Lüönd spielte Ernst Hug, einen Gemeindepräsidenten und Bauunternehmer, der einen ungedeckten Check einlösen möchte. Ich war zuerst dran und brachte meine Zeilen, wie wenn ich Schauspiel bei Lee Strasberg persönlich studiert hätte: Hier eine kleine Pause, da ein beiläufiger Blick oder eine scheinbar zufällige Kopfbewegung zur Seite. Und schliesslich, ganz am Schluss, zog ich die Augenbrauen etwas hoch, blickte zu Walo Lüönd und lieferte ihm das Stichwort für seinen Einsatz. Er hob langsam den Kopf, schaute mich nur an und sagte kein Wort. Aber in seinen Augen war etwas. Ich kann es nicht beschreiben. »Chapeau«, dachte ich, »einfach genial, was er aus dieser einfachen Szene alles herausholt, wie er die Figur interpretiert und ihr Zeit gibt, das ist eben der Unterschied, eine ganz andere Liga.« Als dann nach einer Ewigkeit immer noch kein Wort kam, wurde mir klar, dass er bloss seinen Text vergessen hatte.

Rhäzünser isch gsünser!

Ich habe die Haare gewaschen, die Zähne geschrubbt und bin tadellos rasiert. Schliesslich bin ich das neue Gesicht der Marke. Das haben mir die Werber jedenfalls zigmal gesagt. Jetzt sitzen wir also im Auto nach Zürich: Hansruedi, der Chef der Werbeagentur, sein neuer Texter und ich. Heute ist es so weit, der grosse Tag ist da, wir werden im Filmstudio einige Fernsehspots für das Bündner Mineralwasser Rhäzünser aufnehmen. Aber ich habe nicht nur die Haare schön, sondern auch sämtliche Texte im Kopf. Das nützt aber überhaupt nichts. Der etwas unsichere Texter, ein ehemaliger Lehrer, nennen wir ihn Hardy, hat sie über Nacht alle noch einmal etwas überarbeitet. Und so sieht er jetzt auch selber aus: etwas überarbeitet. Er reicht mir einen Stapel ganz neuer Blätter nach hinten, und meine Faxkopien von vorgestern sind ab sofort nur noch Makulatur. Das will ich aber nicht, denn ich habe genau diese Texte gestern auswendig gelernt und mir auf den Blättern schon einiges vermerkt und notiert. Also übertrage ich Hardys neue Korrekturen auf die Zettel mit meinen alten Notizen. Und es ist nicht eben wenig!

Zum Teil erkenne ich die Spots kaum wieder: Die Sätze sind radikal umgestellt, ganze Passagen fehlen oder sind komplett neu. »Weisch, Rolf, wegem Rhythmus!« Schon klar, ich bin ja nicht blöd. Die Betonung will er jetzt nicht mehr auf dem Verb, sondern am Satzanfang. Die Rhäzünser-Flasche soll ich jetzt schon einen Tick früher in die Kamera halten, dafür die Schiebermütze etwas später zurechtrücken und zurückschieben.

Sonst noch was! Ja genau, die kleine Pause nach dem ersten Teil des letzten Satzes:»Gell, Rolf, dia machsch schu? Folgt ja immerhin die Punchline nachher!«Ja, ja, ja, ja, ja! Als wir in Zürich aus dem Auto steigen, brummt mein Schädel bereits wie ein umgekipptes Bienenhaus, und das durchkorrigierte und vollgemarkerte Manuskript sieht aus wie ein Frühwerk von Jackson Pollock.

Der Regisseur heisst Charly. Er ist wahnsinnig nett und begrüsst uns im Studio der TCC Film. Die Texte von Hardy findet er»einfach total genial«. Aber es ist leider das Zürcher»genial«. Das heisst, schon sehr gut irgendwie, aber halt doch nicht ganz so gut, dass nicht noch Luft nach oben wäre.»Sag doch hier besser etwas anderes, und mach doch da noch das, du weisst schon, das mit den Augen! Und noch was, Rolf, meinst du, braucht es diesen kurzen Satz als Übergang wirklich? Komm, den kannst du doch einfach weglassen!«Klar, kann ich, alles kein Problem! Ich kritzle folgsam Charlys Optimierungen über Hardys Korrekturen, die ich vor einer Stunde über meine Kommentare geschrieben habe. Die unzähligen Zettel sind inzwischen praktisch nicht mehr lesbar. Und lernbar erst recht nicht, denn kaum habe ich meinen allerletzten Kribbel gemacht, gehts auch schon los.

Erster Spot. Absolute Ruhe, bitte, wir drehen! In meinem Kopf dreht sich auch alles. Ich vergesse die Korrekturen der Korrekturen, schalte das Hirn kurz ab und dann: Showtime! Die Kamera läuft, ich spiele meine Rolle als Rhäzünser-Mann aus dem Bauch heraus. Irgendwie so, wie ich es halt gestern gelernt habe. Und Schnitt! Anschliessend stehen wir vor dem Sony-Monitor und schauen uns den ersten Take an. Alle nicken anerkennend und zufrieden. Momoll, das wars! Super gemacht, Rolf! Das wäre im Kasten.

Nur der Texter sagt:»Könnte man nicht vielleicht beim...«, dann merkt er, dass ihm längst niemand mehr zuhört. Alle sind bereits dabei, das Set für den nächsten Spot umzubauen. Hopp, hopp! Es muss vorwärtsgehen. So läuft das hier in Zürich. Weiss ich als Profi doch schon lange. Und Hardy wirds irgendwann auch noch lernen.

Ein Harass kommt selten allein

Adventszeit. Es schneit ganz leise. Ich bin in der Küche am Mailänderli-Ausstechen. Im Hintergrund läuft mein kleines Transistorradio. Es freut sich offensichtlich auch wahnsinnig auf Weihnachten und spielt George Michael rauf und runter. Hin und wieder schaue ich durchs Küchenfenster. Irgendwann sehe ich, wie durch die schmale Dorfstrasse vor unserem Haus ein Rhäzünser-Sattelschlepper fährt. Wo will der bloss hin? Hat sich wohl verirrt. Normalerweise fahren diese Monster ja nicht durchs Dorf. Jetzt hält er sogar noch vor unserem Haus. Der Motor des Giganten blubbert weiter, der Fahrer bleibt sitzen. Der Beifahrer springt aus der Kabine, kommt zur Eingangstüre und läutet. »Rolf Schmid?« – »Ja!« – »Wir bringen einen kleinen Weihnachtsgruss von der Geschäftsleitung.« – »Ja super!«, sage ich und freue mich über die nette Überraschung.

Ich bin während des Jahres in einem Dutzend Fernsehspots für Rhäzünser-Mineralwasser vor der Kamera gestanden. Die schweizweite Kampagne hat beinahe eine Kiste gekostet, und ich habe auch ganz anständig verdient. Sehr aufmerksam und grosszügig von der Teppichetage, sich mit einem Weihnachtspräsent für die gute Zusammenarbeit erkenntlich zu zeigen.

»Wo wemmers ablada?«, fragt der Mann im Rhäzünser-Overall. »Mein Keller ist sicher zu klein. Vielleicht am besten bei meinem Schopf, grad dort hinten, dort habe ich genügend Platz. Und wenns nicht reicht, ist ja noch die Garage.« – »Perfekt!«, sagt der Mann und gibt dem Fahrer ein knappes Zeichen. Der Fahrer legt den Rückwärtsgang ein, löst die Bremsen, tschhh, und manövriert den 27-Tönner in der schmalen Dorfstrasse dreieinhalb Meter zurück. Piep – piep – piep – piep und stopp! Tschhh! Der Overall drückt auf einen Knopf, die hydraulische Rampe klappt langsam in die Waagrechte und fährt nach unten. Im Innern des Laderaums sieht man jetzt Hunderte von Harassen mit Tausenden von kleinen, mittleren und grossen PET- und Glasflaschen. Der Beifahrer klettert auf die Ladebrücke und verschwindet in der Tiefe. Es rumort, rumpelt und scheppert. Ich habe inzwischen die Türe des Schopfs weit aufgemacht und ein Velo mit einem Platten beiseitegestellt. Schliesslich taucht der Mann wieder auf, gumpt von der Rampe, kommt zu mir und stellt mir einen (!) Harass vor die Füsse. »Schöni Wianachta!«, sagt er und meint es wahrscheinlich sogar ernst. Während ich noch ungläubig staunend vor dem einsamen Harass stehe, ist der Beifahrer bereits wieder eingestiegen, der Fahrer hat den ersten Gang eingelegt, und der tonnenschwere Sattelschlepper brummt zufrieden davon durch den lautlos fallenden Weihnachtsschnee. Ja, das Leben ist manchmal ein Traum. Und manchmal ein Witz! Ich stelle das platte Velo wieder in den leeren Schopf und schliesse die Türe.

Wahnsinn, denke ich, während ich zurück ins Haus gehe, ein ganzer Harass, wer soll das alles bloss trinken!

I mag eifach nid

Campingplatz. Engadin. Herbstferien. Postkartenwetter. Es hatte sich herumgesprochen, dass ich hier war. Das störte mich nicht weiter. Ab und zu ein Blick, ein Spruch oder ein Kompliment, das wars. Man liess mich in Ruhe.

Eines Abends, ich war gerade am Brunnen und machte den Abwasch vom Znacht, klopfte es an unseren Camperbus. Dodi, meine Frau, öffnete:»Ja?«Zwei Frauen standen da und staunten sie stumm an. Nach einer Weile sagte die eine zur anderen: »Gsehsch jetzt!« Darauf die andere:»Jo, das isch sie.«Und nach einer kleinen Pause sagte die erste zu meiner Frau, sie wollten halt gerne einmal die Frau sehen, deren Mann einfach nicht möge und ihr nie helfe. Weder im Haushalt noch im Garten noch mit den Kindern oder dem Hund. Ja sie wollten halt wissen, wie so jemand aussehe, der das alles mitmache.

Meine Frau war sprachlos. Die beiden Frauen vor dem Camper hatten auch keinen Text mehr. Ihre Mission war erfüllt, ihr Gwunder gestillt. Jetzt wussten sie ja, wie jemand aussieht, auf dem man herumtrampeln kann.»Nüt für unguet!«, sagte die eine ins etwas peinliche Schweigen hinein. Dann waren sie weg. Und meine Frau blieb zurück mit der Frage, wie jemand wohl aussieht, der zu Hause nichts zu lachen hat. Die Antwort lag auf der Hand: genauso unsicher und durcheinander wie ihre beiden Campingplatz-Freundinnen.

Ja, meine Paradenummer! In »Benissimo« kündigte sie Beni Thurnheer als Kult und absoluten Klassiker des Schweizer Kabaretts an: Roderers»Bassgeige«, Rotstifts »Am Skilift« und Rolf

Schmids »I mag eifach nid«. Das freute mich natürlich. »I mag eifach nid« ist meine mit Abstand bekannteste Nummer. Auf Youtube wurde sie weit über eine Million Mal geklickt. Spielen mag ich diesen bald zwanzigjährigen Evergreen trotzdem nicht mehr so gerne. Ich bringe ihn eigentlich nur noch auf speziellen Wunsch und manchmal in einer gekürzten Version, denn irgendwann ist ja auch mal gut. Wenn das halbe Publikum ganze Textpassagen wortwörtlich auswendig kennt und während der Nummer dann entsprechend im Chor mitmacht – das ist ja nicht der Sinn. Am Schluss tönts wie in der Kirche beim sonntäglichen Synchronbeten.

»I mag eifach nid« half mir ins Scheinwerferlicht, inzwischen hat mich die Nummer, was die Bekanntheit meines Namens betrifft, weit in den Schatten gestellt. Wenn ich irgendwo in der Deutschschweiz unterwegs bin, passiert es nicht selten, dass ich erkannt werde. Dann tuschelt die Frau am Nebentisch in der Autobahnraststätte zu ihrer Begleitung: »Du, nöd luege jetzt, aber i glaub fasch, das isch er! De, de, de … jo du weisch scho: I mag eifach nöd!«

Oder noch subtiler: Ich bin grad am Essen irgendwo, und ein Pärchen, vielleicht so um die fünfzig, kommt an meinen Tisch. Und der Mann schaut mich an und kann schon jetzt sein Lachen kaum mehr zurückhalten. Ich ahne bereits, was kommt, und er sagt es dann tatsächlich: »Und? Möget Sie no? Ha? Möget Sie no?« Dann schiesst es aus ihm heraus, wie wenn eine Staumauer bricht, und er lacht laut und hemmungslos, als hätte er gerade den Witz des Jahrhunderts erzählt. Zugegeben, es ist wirklich ein origineller Spruch – also für ihn. Ich hingegen habe diesen Satz, und zwar exakt ganz genau diesen, schon gefühlt zehntausend Mal gehört. »Möget Sie no?« Von Alten und Jungen, von Männern und Frauen, von Büezern und Studierten:

»Möget Sie no?« Beim Wandern, auf dem Velo, am Skilift oder eben beim Essen:»Möget Sie no?« Meine Antwort ist immer mehr oder weniger dieselbe: ein kurzes, knappes und vor allem pointenfreies »Jo sicher!«. Sonst entwickelt sich aus dem Spruch ein Gespräch, und mein Essen wird kalt. Ist alles schon vorgekommen! Natürlich könnte ich mein Schnitzel und die Pommes frites auch lauwarm oder kalt essen, aber ich muss ganz ehrlich sagen ...

Das Hohe-Munde-Brettl

»Das Hohe-Munde-Brettl« ist nicht etwa eine Tiroler Jause-Spezialität mit Alpkäs und Schinkenspeck. Nein, »Das Hohe-Munde-Brettl« war in den Neunzigern der höchstdotierte Kabarettpreis im deutschsprachigen Alpenraum. Manchmal kam dort allerdings auch ziemlich viel Käse auf die Bretter, und vieles hatte zu wenig Fleisch am Knochen.

Die Hohe Munde ist ein Berg in Tirol. Am Fusse dieses Bergs liegt Telfs, und dort fand dieser Wettbewerb statt. In einem Keller. Vor einer sechs- oder siebenköpfigen Jury. Zunächst ganz ohne Zuschauer. Das war schon ein sonderbares Spielen. Ich stand, von zwei Scheinwerfern geblendet, im Finstern und sprudelte meine besten Sachen in die gähnende Leere eines stockfinsteren Raums. Spielte also quasi ins stumme Nichts. Reaktionen auf meine Witze und Wortspiele, wie ein Schmunzeln, Lachen oder gar Klatschen, gabs bei den paar Nasen natürlich keine. Und nach der Schlusspointe war es dann so still wie in der Kapuzinergruft in Wien. Komisches Gefühl. Im Dunkeln räusperte sich jemand kurz und sagte dann: »Vielen Dank, Rolf, und kannst du uns den Nächsten reinschicken?«

Nachdem ich am ersten Abend so ins schwarze Loch eines emotionalen Vakuums gespielt hatte, dachte ich: »Na das war wohl nichts.« Wars dann aber doch. Ich kam eine Runde weiter. Mein Gegner schied aus. Ja, das vergass ich zu sagen, der Wettbewerb fand nach dem Cupsystem statt. Also wie beim Tennis in Wimbledon: Einer kommt weiter, einer muss heim. – Habe ich übrigens schon erwähnt, dass mir Björn Borg in London

Tickets fürs Wimbledon-Finale geschenkt hat? Ich war dann dort. Björn Borg gewann den ersten Satz. Und dann drehte John McEnroe auf, und Björn Borg konnte einpacken. Also zuerst musste er natürlich fertig spielen. Drei Sätze nacheinander hat er aufs Dach gekriegt, und das, obwohl in Wimbledon ja unter freiem Himmel gespielt wird. Das Ende einer Ära, immerhin hatte Borg Wimbledon fünfmal hintereinander gewonnen. – Und nach diesem völlig unangebrachten Exkurs, in dem es nur darum ging, einzuflechten, dass ich Björn Borg persönlich kenne, fädeln wir uns wieder mehr oder weniger elegant in die aktuelle Geschichte ein.

Ort der Handlung: ein Keller in Österreich. Ich kam am ersten Abend des Kabarettwettbewerbs also eine Runde weiter. Und, um das Ganze etwas abzukürzen, ich kam auch an den nächsten fünf Abenden weiter und schickte damit hoffnungsvolle junge Talente und Newcomer reihenweise nach Hause. Das tut mir wirklich heute noch leid. Nein, tut es eigentlich nicht.

Am Samstagabend, also am Ende dieser Woche, fand dann als Höhepunkt das grosse Finale statt. Diesmal glücklicherweise vor Publikum. Aus dem Feld von über dreissig Kabarettisten waren nur noch drei übrig geblieben: ein bayrischer Vollblutkomiker mit einem verwegenen Schnauz und einem verwirrten Bart, ein feingliedriger, Gitarre spielender, etwas bleicher Kabarettist aus der Mozartstadt Salzburg und ein Bäcker aus Graubünden. Also perfekt ausgewogen, alle drei beteiligten Alpenländer waren im Finale vertreten. Und, o welch Zufall, es gab auch genau drei Hauptpreise zu gewinnen. Irgendwie schien alles sauber abgekartet und perfekt eingefädelt zu sein. Jeder von uns drei Humorkönigen spielte zwanzig Minuten, und dann war es so weit: die grosse Preisverleihung. Wir standen gut gelaunt und ein bisschen aufgeregt am Bühnenrand. Die Frage war jetzt ja bloss, wer von uns würde wohl welchen Preis bekommen?

Der Präsident der Jury betrat die Bühne, und nach einigem Blabla sagte er: »Der grosse Preis der Raiffeisenkasse geht an…«, und dann machte er natürlich diese obligate Pause, um den Moment hinauszuzögern und die Spannung bis zum Zerreissen zu steigern, »…geht an Rolf Schmid aus der Schweiz. Herzliche Gratulation!« Das Publikum applaudierte. Wow, ich ging zum Jurypräsidenten in der Bühnenmitte, wir schüttelten uns die Hand, und er überreichte mir den Preis. Ich war so happy. Dann reihte ich mich wieder zwischen meine beiden Kollegen ein, die mir auf die Schulter klopften und herzlich gratulierten: »Sauber! Gut gemacht, Rolf!«

Dann ging es weiter, nächstes Couvert: »Kommen wir zum Preis der Jury. Es war äusserst knapp und ist uns darum nicht leichtgefallen. Wir haben noch nie so lange beraten, denn eigentlich, und das können Sie mir glauben, meine Damen und Herren, eigentlich hätten ja alle den Preis mehr als verdient. Aber das Wesen eines Wettbewerbs, und ich spreche da aus langjähriger Erfahrung als Präsident der Jury, das Wesen eines Wettbewerbs ist eben per se das Kompetitive, ich möchte fast behaupten, es ist eine Conditio sine qua non, obwohl gerade beim Humor…«, so ging das noch minutenlang weiter und weiter, denn er hörte sich selber wahnsinnig gerne reden. Irgendwann kam er dann aber doch noch zum Punkt: »Der Preis der Jury des ›Hohe-Munde-Brettls‹ 1999 in Telfs geht an…«, jetzt wieder diese unverzichtbare Pause, »…an Rolf Schmid. Meine Gratulation!« Wow, schon wieder ich! Meine Kabarettistenkollegen waren fast noch sprachloser als ich, aber aus ganz anderen Gründen. Ich nahm auch diesen Preis strahlend entgegen, schüttelte dem Jurychef zum zweiten Mal die etwas feuchte Hand und ging wieder zum Bühnenrand. Das Schulterklopfen aus München und Salzburg war schon merklich schwächer, die Gratulation kühler geworden. Vielleicht weil beide wussten, dass jetzt nur noch ein Preis übrig war. Einer von ihnen würde also mit leeren Händen nach Hause fahren. Aber welcher, die Weisswurst oder die Mozartkugel? Gleich würden wir es erfahren.

Und Sie ahnen ja schon, worauf es hinausläuft, oder? »Ein Couvert haben wir noch«, begann der Jurypräsident, »kommen wir also zum letzten Preis des heutigen Abends, hier hatte die Jury absolut keinen Einfluss. Richtig, es geht um den Liebling des Publikums. Meine Damen und Herren, in die Herzen des Publikums gespielt und den Publikumspreis gewonnen hat … Rolf Schmid!« Applaus, Blumen, Gratulationen, drei Preise, unter anderem fünftausend Franken in bar. Ich stand auf der Bühne wie ein hypnotisierter Weihnachtsbaum. Ich war mehr als zufrieden. Meinen ersten Wettbewerb als Kabarettist und Komiker beendete ich gleich mit drei Goldmedaillen. Kann man also nichts sagen.

Aber jede Medaille hat bekanntlich eine Kehrseite. So auch diese. Ich musste bei der anschliessenden Schlussparty in der Bar des Telfser Hofs stundenlang in die enttäuschten Gesichter meiner beiden Konkurrenten lügen: »Nein, ich verstehs auch überhaupt nicht.« – »Du hättest es genauso verdient wie ich.« – »Ich persönlich hätte den Preis dir gegeben, fand dich superlustig.« War natürlich alles gelogen. Und zwar perfekt. Am Schluss bezahlte ich diesen Versagern sogar noch eine Runde. Und sogar noch eine zweite. Und somit ging auch die vierte Auszeichnung, »Die gespaltene Zunge von Telfs«, an … Rolf Schmid!

Die Gefrorene Zeltblache

Am »Arosa Humorfestival« als bester Nachwuchskünstler ausgezeichnet zu werden, das wäre natürlich mein Traum gewesen!
Aber wahrscheinlich war es ein unerfüllbarer, denn ich war bei
weitem nicht der Einzige, der die »Gefrorene Zeltblache« gerne
gehabt hätte. Und ganz unter uns, so überragend war ich damals, am Beginn meiner Karriere auch wieder nicht. Also blieb
ich bescheiden und realistisch und rechnete mir keine allzu
grossen Chancen aus. Ganz nach der alten Glückskeksphilo-
sophie: Erwarte nichts, und du wirst nicht enttäuscht sein.

Und plötzlich, ich weiss gar nicht, wie das kam, war ich beim
Gerangel um den prestigeträchtigen Preis dann doch ganz vorne
mit dabei. Ich wusste aber noch nicht, wie weit vorne. Das würde in wenigen Minuten auskommen.

Wir sassen alle im Theater. Die Jury unter der Leitung von
Emil Steinberger hatte schon abgestimmt. Man wusste aber noch
nichts, denn schliesslich fehlte ja noch die Stimme des Publikums. Und die ermittelte man so: Ein Ball wurde von der Bühne ins Parkett geworfen, und wer ihn fing, durfte stellvertretend
fürs ganze Publikum abstimmen. Und schon flog der Ball zmitzt
in die Leute! – Eine ziemlich aufgebrezelte Zürcherin, Modell
Goldküste, legte sich mächtig ins Zeug und fing ihn. Aber warum nur? Kaum hielt sie den Ball in den Händen, zierte sie sich
auch schon und sagte, dass sie unter gar keinen Umständen abstimmen wolle. Warum hast du den Ball dann gefangen, ha?
»Nei, obstimme, dos moch ich olso nöd, dos wott ich nöd moche!
Uf kein Foll!« Mit diesen Worten gab sie den Ball wie eine heisse

Kartoffel weiter, ihrem Sitznachbarn zur Linken. Und wie der Zufall es wollte oder die nummerierten Sitzplätze es vorschrieben, war es Josua Jäger. Er war nicht nur Getränkehändler in Thusis, sondern ausserdem ein guter Freund von mir. Dass er mich wählte, war natürlich keine grosse Überraschung. Seine Stimme wurde nun zu den Jurystimmen addiert, und dann wurde das Resultat bekannt gegeben: Ich gewann die »Gefrorene Zeltblache« – mit einer Stimme Vorsprung vor dem Duo Lapsus. Danke, Josua!

Dann gings Richtung Preisverleihung. Und was für eine Ehre: Emil höchstpersönlich übergab mir den begehrten Preis für den besten Nachwuchskünstler. Der Held meiner Jugend, das Kabarett-Idol meiner Generation! Er schüttelte mir die Hand. Das war schon eine extreme Ehre für mich als Grünschnabel und Newcomer. Als er mich dann noch zur Seite nahm und mir sagte, dass ich seiner Meinung nach den Preis auf gar keinen Fall verdient hätte und in Zukunft wohl besser in Turn- und Mehrzweckhallen auf dem Land als in Theatern in der Stadt spielen solle, hat mich das natürlich ausserordentlich gefreut und zusätzlich motiviert.

Ein paar Jahre später habe ich entgegen seinen Tipps dann doch Tourneen durch die Schweizer Städte gemacht, meine Premieren im Casinotheater Winterthur gefeiert und viele Jahre in ausverkauften Theatern, auf grossen Bühnen, vor vollen Rängen gespielt. Inzwischen mache ich andere Sachen lieber: Tourneen über der Waldgrenze, Open-Air-Auftritte auf Alpen und Sonnenterrassen, Food-und-Comedy-Events in ausgesuchten Restaurants und bei netten Kulturveranstaltern. Alles ist eine Nummer kleiner. Ausser das Erlebnis, das ist zwei Nummern grösser. Sowohl für mich als auch fürs Publikum. Im Vergleich dazu ziehen die Massenbelustigungen in Theatern einfach den

Kürzeren. Wenn man das Finanzielle anschaut, sieht die Rechnung natürlich anders aus, aber Sie wissen ja bereits, dass ich im Rechnen nie besonders gut war. Und auf der grossen Schlussabrechnung hats sowieso keine Zahlen mehr.

Die grosse Überraschung

Ein Samstag Ende Juni. Strahlend schön und schon sommerlich heiss. Ah, jetzt zu Hause im Liegestuhl im Schatten der Pergola sitzen, um vier ein kühles Bierchen öffnen und das Fleisch für den Grill mit frischen Kräutern aus dem Garten marinieren. Am Abend dann mit Familie und Freunden mit einem Glas Wein bis spät in die Nacht abhängen – ach nein, Mist, ich habe ja heute Abend einen Auftritt! Nix da Pergola!

Der Auftritt war zwar nur kurz, aber dafür wenigstens sehr weit weg. Das ist ja sowieso immer die beste Kombination: fünf Stunden im Auto sitzen, um dann irgendwo fünf Minuten auf der Bühne zu stehen.

Ganz so irre wars diesmal aber nicht. Es ging um einen Auftritt von zwanzig Minuten an einer Geburtstagsparty. Irgendwo im Nirgendwo. Ein Weiler im Kanton St. Gallen, der so klein und unbedeutend war, dass Google Maps sich zuerst standhaft weigerte, ihn überhaupt zu finden. Ich habe diesem Google dann via Siri ein paarmal klar und deutlich ins Gewissen geredet, und siehe da, plötzlich erschien das kleine Kaff dann doch noch auf meinem iPhone. Es geht ja!

Ich fuhr rechtzeitig los. Zuerst auf der Autobahn via Chur flüssig das Rheintal hinunter. Kurz nach Sargans, viel früher, als ich gedacht hatte, schickte mich Google dann eine Ausfahrt hinaus und lotste mich anschliessend auf Kantons- und Nebenstrassen durch die Ostschweizer Topografie. Durch schmucke Dörfer und hübsche, kleine Ortschaften, vorbei an Gärten, wo Männer im Unterliibli den Rasen mähten und Frauen mit

Schürzen Wäsche aufhängten. Ich kam mir vor wie ein Soziologe auf einer Studienreise oder ein Senior auf einer Kaffeefahrt. Und es ging immer weiter. Über Hügel und Brücken, durch Kreisel und Kurven. Und noch mehr Rasenmäher und noch mehr Stewi-Libellen. Das kann doch alles nicht wahr sein! Irgendwann merkte ich dann, dass der Menüpunkt »schnellste Route« in meinem Navi deaktiviert war. Bravo, Rolf! Statt zwei war ich dann fast dreieinhalb Stunden unterwegs. Schliesslich kam ich dann irgendwann aber doch noch an. »Sie haben Ihr Ziel erreicht.« Jo super, das gsehn i jo selber!

Wenigstens musste ich das Haus nicht lange suchen, denn der Weiler bestand nur aus drei Gebäuden: einem riesigen Stall, einem grossen Bauernhaus und einem ganz kleinen Beizli mit einem ganz, ganz kleinen Säli und einer ganz, ganz, ganz kleinen Bühne. Dass ich etwas spät dran war, interessierte niemanden. Am wenigsten meinen Techniker. Der war sowieso ein Sonnenschein und immer super drauf, vor allem, wenn er genug gekifft hatte. Und das hatte er heute offensichtlich bereits. Und aufgestellt und eingestellt hatte er auch schon alles. »Wotsch au en Zug?« – »Nei tangga, Tom!«

Auf der Bühne waren nicht nur meine Utensilien. Es standen auch verschiedene akustische Gitarren herum, und ein golden glänzendes Gesangsmikrofon war auch noch da. Mein Techniker sagte mir dann, dass wir zu dritt seien. Ausser mir spiele noch Toni Vescoli und dann noch eine Schlagersängerin, deren Name ich jetzt aber grad nicht mehr weiss. Ich weiss nur noch, dass sie jung war. Viel jünger als ich und sehr viel jünger als Toni. Ich weiss auch noch, dass sie verdammt hübsch war. Viel hübscher als Toni und ich zusammen. Das wars dann aber auch schon mit ihren Vorzügen. Aber Hand aufs Herz, wer jung ist und blendend aussieht, muss nicht auch noch hervorragend singen können. Und das konnte sie dann auch nicht. Sie hatte überhaupt keine Stimme und hat darum später alles Play-back gesungen, also eben nicht gesungen. Was den Gesang anging, war sie kein Sternchen, sondern bestenfalls ein Laternchen. Dafür optisch eine Leuchtrakete.

Der ganze Abend, ja die ganze Geburtstagsfeier folgte übrigens einem ziemlich ausgetüftelten Konzept. Da wurde nicht einfach prollig und kopflos in den Abend hineingefeiert ohne Sinn und Verstand. O nein! Aufpassen jetzt: Es war der sechzigste Geburtstag eines reichen Hoteliers, auf dem Kuchen waren sechzig Kerzen, es waren sechzig Gäste eingeladen, und das Showprogramm, also Toni, die Schlagertante und ich, dauerte genau sechzig Minuten. Ist das ein Konzept oder ist das ein Konzept? – Es ist eins, da besteht kein Zweifel. Ich war beinahe etwas neidisch, ja, so originell wäre ich auch gerne.

Mir wurde im Vorfeld mitgeteilt, ich sei dann eine Überraschung fürs Geburtstagskind. Das höre ich oft, und es tönt immer sehr spannend. Meistens stimmt es dann einfach hinten und vorne nicht, und es ist alles abgesprochen, und der Jubilar weiss ganz genau, was respektive wer auf ihn zukommt. Und falls man wirklich mal eine echte Überraschung ist, was natürlich auch vorkommt, geht der Schuss nicht selten nach hinten los: Der Planer des Events oder die Assistentin der Geschäftsleitung ist dann ein Riesenfan von mir, dem Bündner Komiker. Das Geburtstagskind hätte aber eigentlich viel lieber ein Appenzeller Jodelchörli oder einen Walliser Tischzauberer gehabt. Und dann stehe ich auf der Bühne und spiele gegen seine Enttäuschung an. Das ist dann natürlich blöd gelaufen, und zwar nicht nur für ihn, sondern auch für mich.

Jetzt wars höchste Zeit für einen kurzen Soundcheck. Toni Vescoli und mir fiel auf, dass auf der kleinen Bühne fast kein

Platz zum Spielen war: Die Rückwand war zugemauert mit Verstärkern und Lautsprechertürmen, der Bühnenrand vollgestellt mit Monitorboxen. Die Decke des kleinen Sälis bog sich unter einer ganzen Armada von Strahlern und Scheinwerfern, die man dort aufgehängt hatte. Damit hätte man locker eine Show im Zürcher Volkshaus beleuchten können. Und der Sound aus den Boxentürmen hätte wahrscheinlich sogar fürs »Letzigrund« gereicht. Durch die Masse an Bühnentechnik wirkte das Bauernsäli wie ein Verkaufsraum für Musikanlagen.

Die Frage, die uns alle beschäftigte, war natürlich die: Für wen war dieser Technik-Overkill aufgebaut? In der Garderobe haben wir dann gerätselt. Also klar war, dass nach uns noch jemand spielen würde. Als Höhepunkt sozusagen. Ich tippte scharfsinnig auf ein Sechzig-Minuten-Set. Aber mit wem? Ich hatte keine Ahnung, und auch Toni Vescoli war absolut ratlos, und das heisst etwas, immerhin war er mit seiner Band, Les Sauterelles, mal Vorgruppe der Rolling Stones. Die scharfe Schlagersängerin, deren Name ich immer noch nicht weiss, wusste natürlich, wie zu erwarten war, auch nichts. Toni tippte auf eine nationale Rockband, ich tippte auf etwas Grösseres, und Barbie klinkte sich aus unserem Ratespiel aus und lackierte sich stattdessen lieber noch einmal die Nägel.

Zwanzig Uhr. Wir warteten und warteten und warteten. Start um acht Uhr wäre abgemacht gewesen. Aber es passierte rein gar nichts. Wir wurden leicht nervös, weil weit und breit noch kein Mensch der Geburtstagsgesellschaft in Sicht war. Viertel nach, halb, Viertel vor – immer noch nichts.

Einundzwanzig Uhr. Toni Vescoli, der Dienstälteste, ging fragen und kam wenig später etwas verärgert zurück. Unser Auftritt sei um eine weitere Stunde auf zweiundzwanzig Uhr verschoben worden. Ausserdem wurde ihm noch einmal eingeschärft, dass wir uns unbedingt an unsere Zwanzig-Minuten-Sets halten sollten, damit die grosse Überraschung nicht warten müsse und pünktlich beginnen könne. Ja, schon klar, die grosse Überraschung kann natürlich nicht warten. Wir hingegen warteten schon seit bald sechs Stunden.

Zweiundzwanzig Uhr, die Geburtstagskarawane trifft ein. Pappsatt vom Galadinner und schon ziemlich gut beieinander von Apéro, Champagner und mehreren Gläsern respektive Flaschen Château Toujours. Alle freuten sich aufs Unterhaltungsprogramm. Wir waren nüchtern, um nicht zu sagen ernüchtert, nach dieser ganzen Warterei und hatten ziemlich gemischte Gefühle im Bauch. Zu Unrecht. Wie sich herausstellte, war das Publikum in bester Feierlaune, also sehr gut drauf. Toni Vescoli spielte seine Hits und an diesem Geburtstag sinnigerweise auch seine Version von »Forever Young«, dem Bob-Dylan-Klassiker. Ich war in Höchstform, hatte das Publikum sofort auf meiner Seite, drückte ab und lieferte meine Topnummern. Selbst die Schlagerstardarstellerin begeisterte. Vor allem die älteren Semester hielt es kaum noch in den Sesseln, was vielleicht weniger am Gesang der Sirene als an ihrer Figur und dem wahnsinnig engen und viel zu kurzen Kleidchen lag.

Dreiundzwanzig Uhr. Wir betraten zu dritt noch einmal die Bühne, bedankten uns mit einer Verneigung und bekamen einen tollen Schlussapplaus. Dann wurde es dunkel und dann ganz still. Zwei, drei Minuten lang einfach nichts. Ein Knistern, ein Brummen, ein Rascheln und dann ein grelles Aufleuchten, wie wenn der Blitz im Säli eingeschlagen hätte: Hundert Scheinwerfer schmetterten ihr gleissendes Licht auf die Bühne, hundert Boxen brüllten gleichzeitig ins viel zu kleine Säli. Jesses! Hoffentlich fliegen uns nicht gleich die Wände um die Ohren!

Und da stand die Band und rockte los: viel zu laut, viel zu hell, im viel zu kleinen Säli. Und wir schrien wie Teenies, sogar Toni Vescoli haute es aus den Wollsocken. Weil – es war einfach nur noch geil. Und die Schlagersängerin, deren Name mir inzwischen auf der Zunge liegt, bekam den Mund nicht mehr zu. Auf der winzigen Bühne stand niemand anderes als Smokie! Also eine der erfolgreichsten britischen Pop-Rock-Bands der Siebziger! »Lay Back in the Arms of Someone«, »Needles and Pins«, »Oh Carol«, »Don't Play Your Rock 'n' Roll to Me« und so weiter. Sie spielten alles, sie gaben alles, sie fesselten alle und rockten die Bühne. Es war der Wahnsinn! Selbst zuhinterst im winzigen Säli sass man praktisch in der ersten Reihe. Und die alten Jungs räumten sechzig Minuten lang ab wie in den Siebzigern!

Nach genau sechzig Minuten – was hani gsait! – war der Spuk mit dem Song »Living Next Door to Alice« vorbei. Und während der begeisterte Schlussapplaus noch andauerte, sass die Band bereits im Bus oder im Helikopter oder im Flieger. Sie waren jedenfalls alle weg, von einer auf die andere Sekunde, wie vom Erdboden verschluckt. Also gabs auch kein »Meet and Greet« mit dem Fussvolk. Schon begannen die Roadies, die unzähligen Smokie-Türme abzubauen und wieder in die verschiedenen Lastwagen zu verstauen.

Goldkehlchen, Toni und ich waren auch immer noch da. Wir mussten unser Zeug ja ebenfalls zusammenpacken. Unser Equipment war natürlich eine Nummer kleiner: Ich hatte zwei schmale Kistchen, Toni drei akustische Gitarren und Tausendschön nur ihre goldige Mikrofonattrappe. Als wir fertig waren und uns vom Geburtstagskind verabschieden wollten, merkten wir, dass auch die Gäste bereits alle weg waren. Ruckzuck, zack, zack. Alles organisiert und durchgetaktet. Ein Geburtstag wie ein Gebirgsmanöver.

Da sämtliche Rasen inzwischen gemäht und die Wäsche wahrscheinlich auch längst schranktrocken versorgt war, beschlossen wir, also Google Maps und ich, diesmal den schnelleren Weg zu nehmen und ein paar Kilometer hinter dem Weiler auf die Autobahn zu fahren. Nach knapp zwei Stunden durch Nacht und Wind war ich dann zu Hause.

Fazit Nummer eins: Einen ganzen Tag herumfahren und dann noch stundenlang warten, um am Schluss den Chasper zu machen und ein paar beschwipsten Möchtegerns ein paar Pointen unterzujubeln – also wer das freiwillig macht, hat doch einen an der Waffel, wenn Sie mich fragen.

Fazit Nummer zwei: An einem wunderschönen Junitag durch die Ostschweizer Hügellandschaft in einen netten Weiler fahren und als Überraschung dann sogar ein Smokie-Privatkonzert zu erleben – wem so etwas passiert, der hat das grosse Los gezogen und darf nicht klagen, wenn Sie mich fragen.

So hat eben alles zwei Seiten. Ausser einer Violine, die hat vier Saiten. – Ja, denken Sie ruhig etwas drüber nach! Das schadet nach der Lektüre dieser simplen Geschichte gar nichts.

Tatort Resort

Bürgenstock Hotel & Alpine Spa. Hoch über dem Vierwaldstättersee zelebriert man Luxus nicht dezent. Hier lässt man es richtig raushängen: Aus allen Poren tropft der Überfluss. Fingerdick vergoldet sind die Rahmen der prunkvollen Spiegel, knöcheltief liegt der Teppichflor in den grossspurigen Gängen. Carrara-Marmor und Swarovski-Kristall glänzen und glitzern in dieser Scheinwelt um die Wette. Von allem hat es etwas zu viel, alles ist etwas zu überladen und wirkt dadurch auch etwas geschmacklos. Wie überall, wo zu viel Geld auf zu wenig Stil trifft.

Das IT-Unternehmen, das mich für einen Auftritt engagiert hat, feiert hier. Mit Freunden und Freunden von Freunden. Es war kein gutes, sondern ein hervorragendes Jahr. Das Business läuft blendend, und das muss man jetzt allen zeigen – also, unter die Nase reiben wäre der treffendere Ausdruck. Richtig fett Eindruck schinden wollte man, und welcher Ort würde sich dazu besser eignen als dieser Palazzo Prozzi.

Wie immer an solchen Veranstaltungen sind alle geschniegelt, etwas overdressed und verkörpern eine bessere Version von sich selber. Die Männer machen das in italienischen Anzügen, mit Daytona am Handgelenk und etwas Gel im dynamisch frisierten Haar. Auch bei den Frauen will jede die Erste sein und holt darum das Letzte aus sich raus: noch tiefere Ausschnitte, noch höhere Absätze. Und noch knalligere Lippenstifte. Sex und Geld, man will es, man hat es, man zeigt es. Humor hat man allerdings weniger in dieser Branche. Das merke ich ziemlich schnell.

Ich stehe auf der Bühne. Und es ist hart, denn mein Auftritt beginnt zäh. Die sonst so grosszügigen, ja verschwenderischen Gastgeber und ihre Gäste sind äusserst sparsam mit ihrem Lachen. Möglicherweise, durchschiesst es mich plötzlich, bin ich ja gar nicht zum Vergnügen da. Weder zu ihrem noch zu meinem. Vielleicht geht es der IT-Firma letztlich bloss darum, allen zu zeigen, dass man sich jetzt einen Comedian aus dem Fernsehen leisten kann. »Rent a Celebrity« – miete einen Cervelatpromi. »War der nicht bei ›Benissimo‹ und neulich bei ›Giacobbo/Müller‹ und auch in Arosa am Humorfestival, gell?« – »Ja genau, und jetzt ist er hier, bei uns – Wahnsinn!«

Irgendwann tauen sie dann doch noch auf, meine Brionis und Blahniks, machen sich locker, lachen und klatschen, und mein Auftritt gewinnt an Fahrt. Und je länger es dauert, desto besser kommen meine Nummern beim Publikum an. Am Schluss gibt es jedenfalls einen tollen Applaus von den IT-Leuten und zwei Zugaben von mir. Sie sind zufrieden, ich bin zufrieden. Das ist jetzt doch besser herausgekommen, als ich am Anfang gedacht respektive befürchtet habe.

Meinen After-Show-Absacker an der Bar habe ich mir redlich verdient. Natürlich nicht in dem verschwitzten Bühnenhemd. Während mein Techniker bereits Lampen und Stative abbaut und Stecker und Kabel in Kisten sortiert, verschwinde ich rasch auf mein Zimmer, um mich nach dieser Tour de Force umzuziehen und etwas frisch zu machen.

Ich gehe den Gang entlang bis fast ganz nach hinten. Der Lift ist bereits da. Eine Frau steigt ebenfalls ein, sagt aber nichts, obwohl sie im Publikum sass. Immerhin lächelt sie. Ich lächle zurück, weiss aber auch nicht, was sagen: »Und, hat es Ihnen gefallen?« Das wäre ja irgendwie doch zu plump. Nein, da sage ich also lieber nichts, lächle stumm zurück und drücke auf die

Taste mit der Neun. Sie drückt nichts. Dann stehen wir zu zweit in diesem grossen Lift mit der grossen Spiegelwand und vermeiden, so gut es geht, Augenkontakt. Während der Lift lautlos nach oben schwebt, läuft einfallsloser Zahnarzt-Jazz wie in einem überteuerten Warenhaus. Sonst ist es still. Irgendwie finde ich es etwas zu still.

Jetzt muss ich doch etwas sagen. Kann ja nicht so schwer sein, heinomol! Von einem Komiker darf man das doch erwarten, eine gewisse Originalität und Spontaneität. Aber eben, wie ich immer sage: Um richtig spontan zu sein, brauche ich einfach viel mehr Zeit. Die lasse ich mir jetzt und denke nach. Und tatsächlich, im dritten Stock habe ich eine gute Idee. Im vierten eine noch viel bessere. Im fünften Stock finde ich das alles zu anzüglich irgendwie. Im sechsten denke ich, dass es drin liegt. Im siebten hole ich Luft. Im achten Stock schaut sie mir kurz und tief in die Augen und resettet damit natürlich mein Gehirn. Und ich vergesse augenblicklich alles, was ich sagen wollte. Im neunten Stock sage ich stattdessen:»So«, und steige aus. Sie auch. Ich muss nach links. Sie auch. Den Gang bis fast ganz nach hinten. Sie auch. Vor meiner Zimmertüre bleibe ich stehen. Sie auch. Ich bin irritiert. Sie nicht. Mit vollem Körpereinsatz wirft sie sich auf mich und presst mich mit ihren Brüsten gegen die Türe, ihr Gesicht ganz nah vor meinem.»Nimm mich!«, sagt sie,»ich will dich!« Jesses Gott! Ich erschrecke total, habe aber keine Zeit, mich zu fassen, denn sie stürmt ohne Pause weiter.»Nimm mich! Ich will es! Ich brauche es!«, keucht sie weiter und drückt mich noch fester gegen die Türe. Eine Szene wie in einem Groschenroman:»Wenig später glitten seine starken Hände über ihren makellosen Körper.«

Ich schaue der ganzen Szene inzwischen wie von aussen zu und warte darauf, dass ein unsichtbarer Regisseur in der Tiefe des Flures »Schnitt!« ruft. Mir ist das alles zu viel. Viel zu viel. Aber niemand erlöst mich, und niemand ruft Schnitt. Und mir selber hat es auch die Sprache verschlagen. Sie ist mit ihrem Nimm-mich-und-machs-mir-Monolog zum Glück auch am Ende und hat ein Einsehen. Sie lässt mich los und macht einen Schritt zurück. »Willst du wirklich nicht, hm?«, fragt sie wie ein kleines Mädchen, das mich zu einer Runde Gummitwist überreden will. »Nein, du, sorry, wirklich, also äh, nein«, stottere ich, als ob ich mich für etwas entschuldigen müsste, und versuche dabei, so unverbindlich wie möglich zu lächeln. Sie lächelt zurück: »Ja dann halt. Schade. Aber auch gut. Tschau!« Sie geht wieder Richtung Lift. Ich atme auf, gehe in mein Zimmer und unter die Dusche. Was war das jetzt?

Etwas später hänge ich mich für den verdienten Absacker an die luxuriöse Hotelbar. Ich bekomme ein paar nette Komplimente für meinen Auftritt, muss beim einen oder anderen Selfie mit drauf. Mein Techniker sitzt neben mir und langweilt mich einmal mehr mit den endlosen Schilderungen seiner sinnlosen Tinder-Erlebnisse. Alles langfädige Geschichten von kurzen Affären, in deren Verlauf ich immer Mühe habe, die Namen all dieser bedauernswerten Sarahs, Sandras und Saskias in Pfäffikon, Rorschach und Birsfelden auseinanderzuhalten. »Ja, Frauen«, sagt er, nach zehn Minuten am geistigen Gefrierpunkt angekommen, »man kann nicht mit ihnen und nicht ohne sie!« Ich frage mich, ob ich mit einem Al-Bundy-Zitat das Niveau wieder etwas heben soll, lasse es dann aber bleiben.

Sie sitzt am anderen Ende der Bar und hat inzwischen selber einen sitzen. Der kommt vom Champagner. Und der kommt vom Typ neben ihr. Ein etwas blasses Exemplar aus der sonst recht illustren IT-Runde. Er kann sein Glück kaum fassen, aber anfassen kann er es. Und das tut er ausgiebig. Er hat seine Finger überall, und sie hat nichts dagegen. »Seine bleichen, kraftlosen Hände mit den abgekauten Nägeln glitten über ihren makellosen Körper.« Irgendwann beugt sie sich zu ihm und flüstert ihm etwas ins Ohr. Er nickt. Sie rutscht vom Barhocker und richtet ihr Kleid. Er steht auch auf und legt einen Hunderter auf den Tresen. Die beiden verschwinden im langen Flur. Ich schaue ihnen nach. »Was für ein Arsch«, denke ich und meine nicht das Bleichgesicht.

Ich bestelle noch etwas, und mein Techniker beendet seine Geschichte über Sandra mit einem völlig überraschenden Schluss, der vom ersten Satz an klar war. »Frauen!«, sagt er. »Säg nüt!«, sage ich.

Auf der Bühne

Abverreckte
Vorstellungen

Ein ganz grosser Künstler

Mein erster Auftritt als Kabarettist fällt in die frühen Achtziger-jahre. Die Geschichte geht so: Ein Jahr vor diesem denkwürdigen Debüt lernte ich in Chur einen Schauspieler kennen. Er hiess Franco Romano und spielte nicht nur in der stumpfsinnigen Provinz, sondern auch in Zürich, Basel, Bern und sogar in Deutschland, war also national, ja beinahe international bekannt. Er hatte mich beim Freilichtspiel in der Churer Altstadt in einer Hauptrolle gesehen und gemeint, dass ich etwas hätte, was vielen, ja den meisten Laienschauspielern fehle: Ausstrahlung und Energie, mit anderen Worten Bühnenpräsenz. Ja und jetzt? Es wäre schade, meinte er, wenn man da nicht etwas daraus machen würde. Ja von mir aus, dann mach!

Franco hat mir dann angeboten, speziell für mich ein Kabarettprogramm zu schreiben. Damit wolle er mir den Weg zum grossen Künstler ebnen. Kabarett? Ja wieso eigentlich nicht! Es war eine interessante Idee und ein grosszügiger Vorschlag. Ich sagte Ja dazu, und Franco haute in die Tasten. Wie sich später, also sehr viel später herausstellte, hatte er dieses Programm aber nicht extra für mich geschrieben, sondern bloss extra für mich abgeschrieben. Es waren alles uralte Nummern des Cabarets Cornichon, der legendären Truppe aus den Kriegs- und Vorkriegsjahren. Franco hatte die Texte von A bis Z eins zu eins kopiert, ohne auch nur ein Komma zu ändern. Das wusste ich damals natürlich nicht. Als er fertig war mit Schreiben, habe ich alles brav auswendig gelernt, wie er es verlangt hatte. Anschliessend haben wir so lange geprobt, bis Franco, der jetzt auch mein Regisseur war, nichts mehr auszusetzen hatte. Nach der letzten Probe sagte er, ja, ich sei jetzt so weit und auf dem Sprung, ein ganz grosser Künstler zu werden.

Mein erster Schritt auf dem steinigen Weg zu ewigem Ruhm und schwindelerregendem Erfolg war ein zwanzigminütiger Auftritt beim Rotary Club in Chur. Mir war das kein Begriff. Ich war noch zu jung, und es hat mich, ehrlich gesagt, auch nicht besonders interessiert. Die Rotarier sind ja eine Art Geheimbund. Irgendwie geheim zwar, aber nicht mit dunklen Absichten. Welchen anderen Grund Geheimniskrämerei haben könnte, habe ich damals nicht herausgefunden. Wie auch immer. Also, es waren alles Männer in guten Positionen, von denen niemand genau wusste, was sie in diesem Klub so machten. Also etwas wusste man: Manchmal halfen sie jungen Menschen, damit die weiterkamen im Leben. Das war auch bei mir der Plan. Wie Franco Romano, mein Entdecker, wollten auch sie mir helfen, ein ganz grosser Künstler zu werden.

Der Rotary-Auftritt sollte in ihrem Zunfthaus zur Rebleuten in Chur stattfinden. Ein altes Hotel mit vielen Treppen und engen Gängen, mit hohen Räumen und langen Tischen, mit matt glänzendem Silberbesteck und dunklen Gemälden von alten Männern. Der Anlass begann am Nachmittag um Punkt fünf Uhr mit einem Apéro. Dann folgte der offizielle Teil mit einer geheimen Geheimversammlung hinter geheimnisvoll verschlossenen Geheimtüren. Um sieben gings dann zum geselligen Teil über: ein mehrgängiger Znacht, garniert mit einem humoristischen Höhepunkt der Extraklasse. Ein vielversprechendes, junges Bündner Talent, das als grosser Künstler schon bald national für Furore sorgen würde. Mit anderen Worten, moi.

Sieben Uhr. Die handverlesenen Weine wurden eingeschenkt, der Gruss aus der Küche pünktlich serviert. Vierzig Männer mit

Appetit begannen gut gelaunt ihr Galadinner. Es sollten noch sieben oder acht weitere Gänge folgen. Zu jedem Gang eine andere Weinempfehlung. Das konnte dauern.

Ich war in der Zwischenzeit auch eingetroffen. Man setzte mich unten neben der Küche im Vorratsraum an einen kleinen Tisch und sagte mir, ich würde abgeholt, wenn es so weit wäre, und zwar vom Präsidenten der Rotarier höchstpersönlich. Ich war ausserordentlich beeindruckt.

Weil es bis zu meinem Einsatz wahrscheinlich noch ziemlich lange dauern würde, bekam ich auch etwas zu essen. Spaghetti und einen winzigen Menüsalat mit einem krass missratenen Hausdressing: eine scheussliche Himbeer-Rhabarber-Sauce mit Naturjoghurt. Ich brachte es fast nicht hinunter, ja es kam beinahe wieder herauf. »Das ist ja grauenhaft!«, habe ich gesagt. »Das ist das Personalessen«, hat die Serviertochter gesagt.

Dann wartete ich. Und wartete. Ich wartete ewig. Die Zeiger meiner Armbanduhr bewegten sich inzwischen in Zeitlupe. Eine Stunde, einamhalb Stunden, zwei Stunden. Ich habe meine Texte hervorgekramt, aber ich wusste, es war überflüssig, sie zu repetieren. Ich konnte sie in- und auswendig, vor- und rückwärts, von vorne bis hinten. Dafür hatte mein Schauspielführer gesorgt. Dann endlich, kurz vor halb elf ging es los, nach zwei Tellern Spaghetti und drei Stunden herumsitzen in der miefigen Besenkammer. Der Höchstpersönlich holte mich tatsächlich selber ab. Er begrüsste mich mit einem festen, väterlichen Handschlag. »Wir sind alle schon sehr gespannt«, sagte er, während er mich die schmale Treppe hoch zum Zunftsaal in den ersten Stock führte.

Dann ging es los. Ich wurde als grosses Nachwuchstalent vorgestellt. Das Licht im Saal wurde gedimmt, die Spannung stieg, es wurde still. Ich nahm noch einen Schluck Wasser und begann dann, textsicher und von Franco Romano stilsicher inszeniert, meinen allerallerersten Auftritt als Kabarettist. Mit Ausstrahlung, mit Energie, mit Bühnenpräsenz. Und nicht zuletzt mit einer wunderbaren Auswahl völlig veralteter Nummern aus der Zeit des Zweiten Weltkriegs. Ein anachronistisches Potpourri zwischen Reduit, Anbauschlacht und geistiger Landesverteidigung. Und das in den Achtzigerjahren, natürlich ein Volltreffer! Was hat Franco da bloss gemacht, und was habe ich dabei gedacht? Nicht viel, denn ich war jung und brauchte das Geld – und wollte unbedingt ein ganz, ganz grosser Bühnenkünstler werden.

Im Moment sah es nicht danach aus. Es waren zwar erst fünf Minuten meines fantastischen Auftritts verstrichen, aber die Aufmerksamkeit des Publikums nahm bereits rapide ab. Die Männer begannen zu flüstern und zu tuscheln, wenig später zu plaudern und schliesslich ungeniert miteinander zu reden. Ich spielte weiter, während sie tranken, nachschenkten, sich zuprosteten und noch zwei Flaschen Herrschäftler bestellten: »Aber vom Guten, Fräulein!« Die Stimmung erholte sich, stieg weiter, und bald wurde sogar wieder laut gelacht. Leider hatte es nichts mit meinem Auftritt zu tun.

Ich servierte derweil tapfer und unverdrossen eine antiquierte Nummer nach der anderen, bis dann nach gut zehn Minuten der Höchstpersönlich ein Einsehen hatte und auf die Bühne kam. Er fasste mich ganz sanft am Oberarm und drückte mir mehr oder weniger diskret die abgemachte Gage, zwei gefaltete Hunderternötli, in die Hand. Dann begleitete er mich ganz ruhig, aber auch sehr bestimmt von der Bühne. Während wir den Zunftsaal verliessen, sagte er zu mir: »Es war gut, aber es ist auch gut, jetzt aufzuhören.« Und dann noch: »Danke, dass du da warst, und, wer weiss, vielleicht bis auf ein andermal!«

Als ich draussen stand und die Türe vom »Rebleuten« leise hinter mir ins Schloss fiel, kam mir alles vor wie ein seltsamer Traum. Was war da bloss passiert? Vor mir plätscherte der Pfisterbrunnen ganz friedlich, er hatte keine Antwort parat. Wäre es möglich, dass ich im Zunftsaal während des Spielens langsam durchsichtig geworden war? Hatten die Männer mich vielleicht darum nicht mehr beachtet und ignoriert, weil sie mich am Schluss gar nicht mehr gesehen und gehört hatten? Möglich war es schon, aber war es auch wahrscheinlich? Ich beugte mich über den Brunnenrand, schaute ins Wasser und sah mein Gesicht. Nein, durchsichtig war ich definitiv noch nicht, aber irgendwie ganz unscharf und verwässert. Und von der Ausstrahlung, Energie und Präsenz, von der Franco Romano so überschwänglich geschwärmt hatte, war nach dieser Bruchlandung nicht mehr viel zu sehen. Die Bretter, die die Welt bedeuten, entpuppten sich – zumindest an diesem Abend – als Holzweg.

Ich wusch mir das Gesicht mit einer Handvoll Brunnenwasser. Vieles blieb zwar verschwommen, aber eines sah ich jetzt klar: Ich befand mich offensichtlich noch nicht auf der Strasse zum Erfolg.

Uf Wiederluaga!

Theatersaison. Der Schauspieler René Schnoz und ich hatten die Tragikomödie »Indien« von Josef Hader und Alfred Dorfer auf Bündner Dialekt übersetzt. Klaus Henner Russius führte Regie. Das Stück hiess nun »Indien – Tschamut«. Die fünf Vorstellungen in der Klibühni Chur waren im Nu bis auf den letzten Platz ausverkauft. Eine dieser Vorstellungen ist mir bis heute in Erinnerung geblieben, denn René ist dort wirklich weit über sich selbst hinausgewachsen und hat das Tragikomische des Stücks bis in die hintersten Reihen des Zuschauerraums getragen. Eine Meisterleistung!

Das Theaterstück handelt von zwei Hotelkritikern. Beides ganz unterschiedliche Charaktere. Ich spielte den manisch Gutgelaunten, René den chronisch Nörgelnden. In der Mitte des Stücks geht es um die Tochter des Wirtes, dessen Betrieb die beiden Kritiker gerade inspizieren. René, der Nörgler, sagt sinngemäss, die finde er also schon rattenscharf, und dreizehn sei sie ja sicher auch schon gewesen.

Kaum war der Satz gesagt, polterte es im Publikum: In der hintersten Reihe erhob sich ein Mann geräuschvoll und machte seinem Ärger Luft: »Das muss ich mir nicht bieten lassen!«, trompetete er in den Saal. Oha! Wir unterbrachen natürlich. Der Mann drängte und zwängte sich nun im Stockdunkeln durch die Sitzreihe bis zum Gang auf der linken Seite. Dann stolperte er die Stufen nach ganz vorne, denn der Ausgang befand sich auf der Höhe der ersten Reihe am Rand der Bühne. Als er gerade dabei war, die Türe zu öffnen, wandte sich René ihm zu und sagte sehr höflich, ja ausgesprochen freundlich sogar: »Uf Wiederluaga!« Der Mann drehte sich kurz um und sagte lakonisch: »Das glaube ich weniger!« Er sollte sich irren.

Von aussen riss er jetzt die Türe zu, dass es knallte. Was für ein Intermezzo! René und ich lächelten uns kurz zu, fanden schnell wieder in unsere Rollen. Es ging weiter im Text. Keine zwei Minuten waren vergangen, als die Türe langsam wieder aufging. Wir unterbrachen erneut. Interessant, der Mann kam wieder herein. René sagte: »Grüezi!« Der Mann entgegnete nichts. Sein zweiter Auftritt war ihm offensichtlich peinlicher als der erste. Er ging der Wand entlang die Treppen hoch bis ganz nach hinten und tastete und raschelte sich im Dunkeln durch die Reihe wieder zurück zu seinem Platz. Dort nahm er seinen Mantel, den er in seiner zornigen Aufwallung offensichtlich ganz vergessen hatte, und stolperte, nun zum dritten Mal, durch die ganze Reihe zum Gang und zum Ausgang. Er verliess uns wieder, diesmal ohne die Türe zu schletzen. Als er draussen war, sagte René ins Publikum: »I glaub, dä kunnt jetzt nümma! Oder söllemer zur Sicherheit d Türa abschlüssa?« Das Publikum lachte, und René bekam sogar einen Szenenapplaus. Anschliessend spielten wir das Stück ohne weitere Publikumsbeteiligung oder Zuschauerverluste zu Ende.

Voll dazwischen

Die Frauen waren extra beim Coiffeur. Jetzt standen sie herum mit den schönen Frisuren, den etwas enttäuschten Gesichtern und den teuren Foulards von Gucci, Hermès und Vera Seta. Sie hielten sich an ihren Weissweingläsern, musterten die Neuankommenden von oben herab und zupften mit der freien Hand im Halbminutentakt ihre Garderobe zurecht. Ihre Gespräche verliefen spielerisch leicht auf einem weiten Feld zwischen Montessori, Max Mara und Mango-Lassi.

Die Männer hatten ihre Sakkos bereits abgelegt, die Krawatten etwas gelockert und waren schon beim Roten. Sie betrachteten die Welt hemdsärmeliger. Die alten Seilschaften hatten sich längst gefunden, standen in Gruppen zusammen und beschäftigten sich einmal mehr mit der Frage, wer das grösste Arschloch sei. Natürlich nicht von den Anwesenden, nein, sicher nicht, sondern vom Rest ihrer gemeinsamen Bergwelt. Sie klopften markige Sprüche über arrogante Architekten, depperte Dozenten, traurige Touristiker und die ganze korrupte Politik in der Bündner Bananenrepublik.

Ort der Handlung war Hansruedi Schiessers Werbeagentur Trimarca in Chur. Sie feierte ihr Fünfundzwanzig-Jahr-Jubiläum mit einem grossen Fest für Kunden und Freunde samt Anhang. Als ein Höhepunkt dieses Anlasses war die exklusive Vorpremiere meines ersten Soloprogramms angekündigt. Sie fand im vom Stararchitekten Peter Zumthor umgebauten und durchgestylten Dachgeschoss der Agentur statt.

Und schon war es so weit. Ich stand auf der Bühne hinter

einem Tisch und schwitzte wie ein marokkanischer Strassen-
arbeiter beim Asphaltieren. Dabei strich ich bloss ein paar
Toastbrötchen. Ich mimte in meinem ersten Soloprogramm den
Chef eines Start-up-Caterings. Im Publikum sass meine Gotte
Margrit. Aufmerksam und wie immer mit reichlich viel Wohl-
wollen. Unmittelbar neben ihr schaute eine Frau mit etwas weniger Goodwill schon zum dritten Mal auf die Uhr. Dabei spielte ich erst seit zehn Minuten.

Ich belegte meine Brötchen farblich so, dass kleine Landes-
fahnen entstanden. Zwei dünne, rote Streifen Bündnerfleisch
am Rand liessen die Butter in der Mitte frei, das Brötchen wurde zur österreichischen Flagge, eine Partytomatenscheibe in der
Mitte machte aus einem Mayonnaisebrötchen die japanische
Fahne. Das war nicht gerade genial, aber halt die zentrale Ge-
schäftsidee dieses fiktiven Caterers, den ich darstellte, und der
rote Faden meines Programms, wenigstens am Anfang. Dem
Publikum kam das Ganze mit den Ländern ziemlich spanisch
vor. Leider nicht nur am Anfang.

Doch spulen wir ein paar Monate zurück, mitten in die Entstehung des Programms. Der Produzent, nennen wir ihn zum
Beispiel Hansruedi, ist ein Theater-Aficionado, wie ich keinen
zweiten kenne, ausserdem ein Literaturkenner, äusserst belesen
und immer à jour. Er liebt das Wort, er liebt die Bühne. Zürich,
Basel, Berlin, Hamburg, London, er schaut sich vieles an.

Meine Solonummern beim Programm »Männerschau« mit
dem Kabarett 3iD mit Andrea Zogg und Flurin Caviezel fand er
richtig gut. Als ich ihm sagte, ich plane bald ein Soloprogramm,
war er sofort mit an Bord. Er sagte, er wolle mir gerne helfen. Er
spüre ja, es werde bestimmt mehr werden als einfach nur lustig.
Das wäre doch zu wenig. Selbst für Chur, dieses provinzielle
Kaff. Wie schon Franco Romano in den Achtzigerjahren sah

auch Hansruedi in mir grosses Potenzial. Mein erstes Soloprogramm sollte darum doppelbödig und vielschichtig werden, eine dramaturgische Schwarzwäldertorte sozusagen. Mit Zwischentönen, Tabubrüchen, Kalauern und Zoten. Mit dadaistischen Querverweisen und politischen Seitenhieben. Mit zynischen Metaphern und sarkastischen Ambiguitäten. Äh, sonst noch was? – Mir schien das alles doch etwas zu viel irgendwie, vor allem, da ich oft keine Ahnung hatte, wovon er überhaupt sprach. Aber dann sagte ich zu mir:»Ach was, ich bin ein Nichts, ein absoluter Neuling auf diesem Gebiet, er hat den Durchblick und wird mit seinen Ideen schon recht haben.« Und etwas Gutes hatte die Zusammenarbeit mit Hansruedi ja auch: Der Quer- und Schnelldenker interpretierte in jeden meiner Sätze etwas hinein. Sagte ich an einer Probe:»…und stell dr vor, wenn ds Wartezimmer voll isch, muasch sogar warta, dass kasch warta! Isch das nid gschtört, ufs Warta warta?« Schon lachte der Theaterkenner und sagte:»Ah, Beckett, Godot, wie genial und absurd zugleich ist das denn! Das khasch äba nu du, Rolf!«

Der Regisseur des Programms, nennen wir ihn der Einfachheit halber Andrea Zogg, war etwas anders gestrickt. Mein ehemaliger Bühnenpartner vom Kabarett 3iD war mehr fürs Praktische zuständig. Ihm ging es primär ums schauspielerische Handwerk und vor allem um die Textsicherheit. Dramatischer Spannungsbogen? Wen interessiert denn so was! Nein, der Text musste einfach sitzen, und zwar perfekt bis aufs letzte Komma! Punkt. Und da er selber ein erfolgreicher Schauspieler war, und immer noch ist, wusste er wahrscheinlich, wovon er redete. Und er redete gern und viel. Auch hier verstand ich bei weitem nicht alles, aber ich sagte zu mir:»Ach was, ich bin ein Nichts, ein absoluter Neuling auf diesem Gebiet, er hat den Durchblick und wird mit seinen Ideen schon recht haben.«

Zusammenfassung dieses wunderbaren Projekts: Ein Werber spielte einen Produzenten, ein Schauspieler spielte einen Regisseur, und ein Bäcker spielte einen Kabarettisten. Mit anderen Worten: Niemand machte, was er konnte, und am Schluss waren alle überrascht, dass es nicht funktionierte.

Die Vorpremiere des Programms war letztlich eine äusserst interessante Mischung aus Klassenfahrtklamauk, Bahnhofkioskphilosophie, absurdem Theater und geistigem Leerlauf. Mit turbulenten Momenten, tragischen Akzenten, ein paar geilen Nummern und ein paar peinlichen Längen. Es war für mich einfach etwas zu viel, was ich da alles abliefern sollte. Und fürs Publikum wars glaub auch etwas zu viel. Oder etwas zu wenig. Da gehen die Meinungen bis heute auseinander. Die Vorpremiere hatten sich jedenfalls alle an der Produktion Beteiligten etwas anders vorgestellt. Den ersten grossen Lacher hatte ich, wenn ich mich recht erinnere, nach fünfundzwanzig Minuten. Nicht meine Schuld, es war halt kein auf Lacher getrimmtes Kabarett. Es war, und das schreibe ich hier ohne jede falsche Bescheidenheit, eine radikal neue Form zeitgenössischer Bühnenkunst. Man hat so etwas vorher noch nie gesehen. Und nachher auch nicht mehr. Und ich sage nur eins: Zum guten Glück! Das Publikum war noch nicht reif dafür. Und ich erst recht nicht. Der Titel meines ersten Soloprogramms war übrigens: »Voll dazwischen«. Am Premierenabend machte bei den Gästen unter vorgehaltener Hand auch die wenig schmeichelhafte Version »Voll daneben« die Runde.

Ja, mein Motto war ja halt schon immer: Schwach anfangen und dann stark nachlassen. I weiss, das isch an uralta Spruch, aber er passt hier einfach so gut als dünne Schlusspointe. Und irgendwie muss ich dieses Kapitel ja abschliessen. Obwohl, ich habe noch eine bessere Idee: Ich könnte ja noch einen Ausschnitt von Hansruedi Schiessers genialem Pressetextentwurf zu diesem Programm liefern: »Rolf Schmid ist ein Bündner vom Land, ohne Argwohn und voller guter Absichten. Er ist aber auch das traurige Resultat einer zerrissenen Schweizer Kleinbürgergesellschaft, ausgestattet mit einer gehörigen Portion Beobachtungsgabe. Er hat aus seiner Fassungslosigkeit gegenüber dieser Welt eine Menge Geschichten mitgebracht. Ein Reigen aus Sekundärgeschichten aus dieser primär so wichtigen Welt. Was ist Realität, was ist skurril? Was sind Falsch-Wahrheiten? Verbale Erektionen wie seine Pirelli-Geschichte und die Nummer von Hirn und Hoden. Oder über das Echo und den letzten Haltegriff der Zivilisation. Die amerikanische Comedyform in bester Schweizer Manier. Ein bisschen ›Rolf's Schmidlife Crisis‹. Vordergründig ist der Durchschnittsbauch, der über seine Restsexualität sinniert. Hintergründig ist es eine Vergemütlichung der Kleinbürger-Philosophie. Oder eben das Leben eines Partyservice-Blödlers – gemacht für Nonsense-Gourmets.«

Hansruedi, Andrea und ich gingen dann nochmals über die Bücher. Wir haben das Video des Abends analysiert, vieles verändert und umgestellt, einiges gestrichen und anderes ergänzt. An der Premiere im ausverkauften Stadttheater Chur Ende August 1996 war »Voll dazwischen« dann ein solides, sehr unterhaltsames Programm mit vielen lustigen Momenten und unzähligen Lachern. Dafür, dass es mein allererstes Soloprogramm war, konnte ich zufrieden sein. Und das war ich auch. Sehr sogar.

Das Schwingbesen-Fiasko

Es war wieder einmal so weit. Ein neues Programm wartete am Start. Wie immer hatte ich es zusammen mit Hardy auf der Alp in Kunkels geschrieben. Im Probenkeller haben wir die einzelnen Nummern dann sortiert, den Ablauf optimiert und das Ganze detailliert einstudiert. An einer Nummer hatten wir besonders Spass. Sie entstand aus einer zufälligen Improvisation mit Küchengeräten auf der Alp. Die Idee war die: Ich stehe mit einem Schwingbesen und einer leeren Metallschüssel auf der Bühne und tue so, als ob ich Rahm schwingen würde. Die Schüssel scheppert und klappert, der Besen rasselt pausenlos. Dann beginnt mein Text. Ich höre aber nicht etwa auf mit Schwingen und Scheppern, sondern mache unbeirrt weiter und kämpfe mit meiner Stimme gegen den selber verursachten Lärm an. Es ist laut, und es ist lustig, weil ich den Text rufen, ja fast schreien muss.

Eine witzige Idee, das fanden wir in Kunkels jedenfalls. Wir filmten es und kriegten uns beim Anschauen kaum noch ein. Auch als wir die Nummer später probten, waren wir noch hin und weg. Wir mussten mehr als einmal unterbrechen, weil der Effekt einfach so saukomisch war.

Nun galt es ernst. Bei einem sogenannten Tryout, also einer Probeaufführung vor der eigentlichen Premiere, wollten wir die Nummer ein erstes Mal von der Leine lassen. Wir waren beide überzeugt: Das gibt einen Hit, gar keine Frage! Natürlich eignet sich eine dermassen absurde Nummer nicht als Einstieg in ein Programm. Wir haben sie etwa in der Mitte platziert und waren gespannt. Der Tryout fand in einer schönen Landbeiz in Bätterkinden statt. Die Vorstellung liess sich gut an. Das Publikum machte mit, lachte viel und klatschte immer wieder dazwischen. Super, sah ganz so aus, als ob wir mit dem neuen Programm auf dem richtigen Weg wären. Und dann kam eben diese Nummer, und ich freute mich schon. Ich wusste ja, das Publikum war auf meiner Seite, jetzt würden Gelächter und Stimmung wohl durch die Decke gehen.

Ich begann also mit der Schüssel und dem Schwingbesen. Kling, kling, kling, kling, kling! Am Anfang hatte die Nummer noch keinen Text. Knappe halbe Minute. Ich schaute lächelnd in die Runde: Überall gespannte Gesichter. Das kunnt guat! Ich klapperte immer weiter und immer lauter mit der Schüssel. Was macht er jetzt? Worauf läuft das wohl hinaus? Nun begann mein Text. Ich redete extrem laut, rief meinen Text ins Publikum, während ich den Schwingbesen weiter rotieren liess. Kling, kling, kling, kling, kling! Die Spannung in den Gesichtern war inzwischen einer allgemeinen Verwirrung gewichen. Bis auf zwei Pointen ging gar nichts, und das war natürlich etwas mager für eine fast fünf Minuten lange Nummer. Nach gut zwei Minuten gab ich auf und brach die Übung ab. Dann erklärte ich, dass man ja genau darum einen Tryout mache, um das richtige Publikum vor solchem Schwachsinn zu verschonen. Ja, das Privileg des Publikums an einem Tryout sei es eben genau, Nummern zu sehen, die sonst niemand sieht: die allerschlechtesten nämlich. Das Publikum lachte und applaudierte.

Nach diesem Rohrkrepierer haben Hardy und ich unser Rahmschwingexperiment radikal umgebaut und geistig tiefergelegt. Der Text wurde praktisch vollständig gestrichen. Wir haben ihn durch ein paar Wortspiele und Kalauer ersetzt: Was heisst Rahmschwingen in Ägypten? Rahmadan! – Wie nennt

man einen Schwingerverein auf Englisch? Swingerclub! –
Ja, genau diese Flughöhe. Simple and stupid. Die Nummer ist
seither immer ein Garant für ein paar Lacher zwischendurch.
In ihrer Kürze ist sie inzwischen sogar so etwas wie ein kleiner
Publikumsliebling geworden.

Der Klub der müden Männer

Eine grosse Portion Bündner Humor nach dem Hauptgang und vor dem Dessert. Wer könnte da schon Nein sagen! Als endlich der letzte Teller leer gegessen, das letzte Rauchergrüppchen von der Terrasse zurück war, betrat der Veranstalter, nennen wir ihn Robert, die Bühne. Vorfreudig gespannt kündigte er mich an und bat das Publikum im Restaurant, fast alles Männer mittleren Alters, ihre Stühle zur Bühne zu drehen, weil es ja gleich losgehe. Und zum Dessert könne man ja dann wieder normal am Tisch sitzen. Sein Vorschlag, der ja nicht so dumm war, interessierte niemanden. Die Männer, die alle so dumpf und durchschnittlich aussahen wie Kandidaten auf ländlichen Wahlplakaten, wollten nichts richten, schieben oder wenden. Nein, nichts da, eine halbe Kopfdrehung, das musste reichen für diesen Komiker.

Sie waren unwillig und zu müde. Der ganze Verband hing in den Seilen. Kein Wunder, seit neun waren sie pausenlos auf Draht. Sitzungen, Vorträge, Abstimmungen, Wahlen. Den ganzen lieben Tag lang. Und dann noch die Besichtigung. Stundenlang. Alle hatten den Kanal gestrichen voll und wollten eigentlich nur noch eins, ihre Ruhe. Und das versprochene Dessert, auf das sie nun fast eine Stunde warten mussten. Und wessen Schuld war das?

»Ja genau, hier ist er nun, aus dem Bündnerland zu uns gekommen, wir freuen uns alle riesig, ganz herzlich willkommen, Rolf Schmid!« Ich betrat die Bühne und wurde von einem tosenden Schweigen empfangen. Nein, das ist nie ein idealer Start.

Etwa ein Drittel des Publikums sass immer noch mit dem Rücken zu mir und blieb auch so sitzen, als ich längst angefangen hatte. Auch das ist selten ein gutes Zeichen. Am liebsten würde man in so einem Moment einfach zusammenpacken und verschwinden. Ich wusste nach einer halben Sekunde, dass ich gegen ihre zelebrierte Verachtung nicht den Hauch einer Chance haben würde. Natürlich habe ich dann, wider besseres Wissen, trotzdem noch versucht, das Ruder herumzureissen. Als alter Hase weiss ich, dass man mit einem wirklich fulminanten Start bei einem unentschlossenen Publikum manchmal doch noch die Weichen zum Guten stellen kann.

Also Vollgas und rein ins Vergnügen! Ich begann gleich mit einem meiner Highlights, der Nummer »Die Wechseljahre«. Zigfach erprobt, ein todsicherer Wert. Nicht selten wurde in der zweiten Hälfte der ziemlich schrägen Mann-Frau-Geschichte fast durchgehend gelacht. Heute natürlich nicht. Am runden Tisch ganz hinten schmunzelte ab und zu einer. Und das wars. Also das wars noch nicht ganz: Gegen Schluss der Nummer schoss an einem Tisch unmittelbar vor der Bühne plötzlich eine Frau auf. Sie packte ihre Handtasche, holte Luft und sagte wie zu sich selber, aber bewusst in einer Lautstärke, dass es im Saal bis auf den hintersten Platz glasklar zu hören war: »Nei, das isch jo grauehaft primitiv! – Jo, primitiv! Do müessten eigentlich alli grad ufstoh und usegoh! – Jo, usegoh!« Aber sie hatte so wenig Chancen wie ich, die müden Männer zu irgendetwas zu motivieren. Also stampfte die gute Frau mit dem etwas zu faden Deuxpièces und dem etwas zu bunten Foulard ganz allein aus dem Saal. Bam, bam, bam, bam! Trotzig polternd ist sie schnurstracks zum Ausgang gelaufen.

Und für mich wars auch längst gelaufen. Ich wusste es. Alle wussten es. Ich versuchte noch Plan B, also mich mit ein paar billigen Witzen beim Publikum anzubiedern. Das hätte ich mir auch sparen können! Schliesslich gab ich auf und nudelte den Rest des Programms einfach irgendwie runter. Lieblos, lustlos, sinnlos. Man spielt weder gern noch gut, wenn vom Publikum nichts zurückkommt. Kein Lächeln, kein Funken Freude, kein Quäntchen Energie. Je weniger sich die Leute um mein Spiel scherten, desto egaler wurde mir die ganze Farce und desto nachlässiger rotzte ich den ganzen Bettel runter. Nach einer Dreiviertelstunde war meine Abwärtsspirale der Gleichgültigkeit beendet. Ich war auf dem Niveau meines stumpfsinnigen Publikums angekommen. Schlussapplaus gab es natürlich keinen, ja wofür denn auch.

Dafür gabs jetzt Dessert, endlich! Und während die Männer mit ihren durchsetzungsfähigen Ellenbogen auf den Tischtüchern bereits Crème brûlée in sich hineinschaufelten, fand auch meine Nemesis, Trudi Trötzli, eine der ganz wenigen Frauen an diesem Anlass, was wahrscheinlich Teil ihres Problems war, wieder an ihren Tisch zurück. Ihre Welt war wieder in Ordnung. Ich packte zusammen, verliess meine vielen Fans und meine spezielle Freundin und fuhr, so schnell ich konnte, davon. Ich gebs zu, es brauchte schon ein paar Kurven und ein paar Dutzend Kilometer, aber dann war auch meine Welt wieder in Ordnung.

Pronto? – Ciao, Maria!

Das Stück hiess »Kains Strand« und war von Ferruccio Cainero und Giovanni De Lucia. Es war eine Produktion der Klibühni, Regie führte Ferruccio selber, und auf der Bühne standen Giovanni De Lucia, Eric Rohner und meine Wendigkeit. Die schrille Komödie war in Chur ein grosser Erfolg. Das machte nicht nur Spass, sondern auch Lust auf mehr. Wir fragten uns, ob wir nicht vielleicht eine kleine Schweizertournee ins Auge fassen sollten. Der erste Schritt in diese Richtung war die Schweizer Künstlerbörse in Thun. Ein Anlass, an dem sich Kulturveranstalter aus dem ganzen Land Ausschnitte von Produktionen und Programmen von Künstlern anschauen und dann dies und das für ihre Theater einkaufen – oder eben auch nicht. Wir bewarben uns, bekamen zwanzig Minuten Zeit für einen kleinen Auftritt auf der grossen Bühne. Super. Wir entschieden uns für eine spannende Stelle des Stücks und reisten nach Thun.

Das Theater war voll bis fast auf den letzten Platz. Schauspieler, Kabarettisten, Medienvertreter und natürlich, darum waren wir ja hier, sämtliche relevanten Intendanten der Schweizer Theaterszene. Ich stand mit Giovanni De Lucia auf der Bühne. Wir spielten eine absurde Dialogszene, und so, wie ich es beurteilen konnte, kam sie beim Publikum von Beginn weg recht gut an. Die Pointen funktionierten, es wurde geschmunzelt und manchmal sogar gelacht. Nicht selbstverständlich bei einem Fachpublikum. Das beflügelte uns natürlich. Wir kamen richtig in Fahrt. Dann plötzlich, ich war mitten in einem kleinen Monolog, klingelte ein Handy. Das ist immer ärgerlich. Ich schaute ins Publikum, und es klingelte erneut. Da realisierte ich, dass das Klingeln gar nicht aus der Richtung kam. In diesem Moment zog Giovanni, mein Bühnenpartner, das immer noch klingelnde Handy aus seinem Hosensack. Unglaublich zwar, aber ich liess mich nicht beirren. Ich spielte einfach weiter, wie wenn nichts wäre, und dachte, ein Tastendruck, und der Spuk ist vorbei. Und so war es dann auch. Ein Tastendruck, und das Klingeln hörte auf. Aber nicht etwa, weil Giovanni den Anruf weggedrückt hatte, nein, er nahm das Gespräch an! – Echt jetzt? Mitten in einer Szene? Auf der Bühne? Vor Publikum und Leuten, denen wir unser Theaterprojekt verkaufen wollten? Er machte einen Schritt zur Seite:»Pronto? – Ciao, Maria!« Ich war ziemlich durcheinander. Das Publikum war noch bei der Sache. Es hätte ja auch ein Regieeinfall sein können. Das hätte durchaus zu diesem etwas dadaistischen Stück gepasst. Die Leute waren gespannt, wie es weitergehen würde. Ich auch, denn ich hatte nur noch zwei, drei Sätze, und dann war Giovanni wieder dran, das heisst, falls er dann wieder Zeit hatte.

Natürlich trat das Befürchtete dann auch prompt ein: Mein Text war zu Ende, sein Gespräch mit Italien noch nicht. Ich stand dann also einfach so da. Entspannt kann man nicht unbedingt sagen. Giovanni stand neben mir und telefonierte weiter. Ziemlich ungezwungen und fliessend italienisch. Eben mit dieser Maria. Es ging um Pio, einen seiner vielen Esel auf seiner Fattoria in der Nähe von Rom. Der war irgendwie krank. Und Maria war deswegen krank vor Sorge und wusste nicht weiter. Und ich wusste, ehrlich gesagt, auch nicht weiter. Und Giovanni fiel ebenfalls nichts ein, was das Eselproblem mit zwei Sätzen hätte aus der Welt schaffen können. »Ti chiamo dopo.« Ich rufe später zurück. Damit beendete er das Gespräch. Er versorgte das Handy im Hosensack, schaute mich an, wie wenn alles in bester Ordnung wäre, und wartete auf sein Stichwort. Er schaute mir tief in die Augen, als Aufforderung, das Stichwort nochmals zu liefern. Das war allerdings schon vor Minuten gefallen. Jetzt musste ich meinen letzten Satz aus den Tiefen meines Hirns exhumieren. Wie ging der noch gleich? Inzwischen war natürlich auch den Theaterleuten im Publikum klar, dass sie nicht Zeugen eines lustigen Einfalls, sondern eines ziemlichen Reinfalls waren. Ich brachte den letzten Satz mit dem Stichwort noch einmal, Giovanni klinkte sich wieder ein und spielte weiter. Souverän, wie wenn nichts gewesen wäre. In Wirklichkeit war es natürlich längst gelaufen. Was für ein Desaster!

Die Theater dachten natürlich nicht im Traum daran, diese unzuverlässige Amateurtruppe zu buchen. Die Stimmung in der Garderobe war dann entsprechend berauschend. Alle schwiegen. Ich dachte an nichts. Giovanni dachte an Maria und den kranken Pio auf seiner Fattoria. Und Regisseur Ferruccio dachte an etwas Schönes, um nicht zu explodieren und Giovannis schon wieder klingelndes Nokia vor seinen Augen an die vierte Wand zu werfen. Stattdessen warf er Giovanni aus der Truppe. Ich hatte den Kanal auch voll und bestattete meine nationale Schauspielerkarriere im engsten Familienkreis.

Und wen trifft letztlich die Schuld am ganzen Schlamassel? Das ist schwierig zu sagen. Angerufen hat ja diese Maria, und man ruft wirklich nicht mitten in eine Vorstellung an, das hätte sie wissen müssen. Aber letztlich war natürlich schon nicht sie, sondern allein dieser saublöde Esel schuld. Sie wissen ja, welchen ich meine.

Hitzschlag im Tropenhaus

Ist ein Arzt im Saal? Diese Frage hätte sich hier eindeutig erübrigt. Es war nicht ein Arzt im Saal, es waren etwa achtzig! Ärzte, Psychiater, Psychologen. Und genau genommen war es auch kein Saal. Das akademische Kollegium hatte sich in einem Anflug von akuter Originalität für ein Tropenhaus entschieden. Da sollte mein Auftritt stattfinden. In einem Tropenhaus, im Hochsommer, am Mittag. Ich erkenne eine gute Idee, wenn ich sie sehe. Das war keine.

Hundert Prozent Luftfeuchtigkeit bei zweiundvierzig Grad Celsius. Und ich hatte Lampenfieber. Da stand ich also, mitten in diesem tropfenden Pflanzenwahnsinn auf einer lächerlich kleinen, ziemlich morschen Holzbühne, halb verdeckt von einem grossen Bananenblatt. Es war in einem bedauernswerten Zustand und hing angerissen, schlaff und gelbbraun verfärbt herunter. Es hatte genug von allem und wartete auf das Ende. Das Bananenblatt und ich, wir verstanden uns auf Anhieb.

Aber vor dem Ende kommt bekanntlich der Anfang. Und der verzögerte sich hier im Dschungel, da Dr. med. dent. Bruno Winterhalter noch am Telefon hing. Und wenn ein Arzt telefoniert, gehts ja immer um Leben und Tod. Oder um eine Traumimmobilie im Unterengadin. Da muss man Verständnis haben, so viel Zeit muss also schon sein.

Die Sonne brannte weiter. Das Thermometer kletterte weiter. Der Arzt telefonierte weiter. Schliesslich riss einem etwas untersetzten Psychiater der Geduldsfaden. Da nützten offenbar auch die pflanzlichen Stimmungsaufheller, die ihm seine Lebenspartnerin am Morgen ins Birchermüesli gemischt hatte, nicht viel. Mit hochrotem Kopf und zittriger Stimme flehte er das Kollegium an, jetzt doch, um Himmels willen, Prioritäten zu setzen und endlich loszulegen.

Da dem quengelnden kleinen Choleriker niemand widersprach, begann ich, und zwar gleich mit einem dem Publikum angepassten Witz: Ein Mann kommt zum Arzt. Halsschmerzen. Der Arzt schaut sichs an. »Wahrscheinlich sinds die Bronchien, Ihr Husten gefällt mir jedenfalls gar nicht.« Der Patient sagt: »Ich möchte eine zweite Meinung.« Darauf der Arzt: »Ihre Frisur finde ich auch entsetzlich.« Und schon war das Eis gebrochen – nein, war es natürlich nicht. Okay, ich kannte ja noch bessere: »Herr Doktor, wohin fahren Sie mich?« – »Ins Leichenschauhaus.« – »Aber ich bin doch noch nicht tot!« – »Wir sind ja auch noch nicht da.« Keine Reaktion. War das etwa schon zu viel für dieses ein- und ausgebildete Publikum?

Nach diesem verpatzten Intro begann ich dann mit meinem eigentlichen Programm. Und ich muss sagen, es lief ganz passabel. Nicht super, aber auch nicht schlecht. Das Kollegium war jedenfalls aufmerksam bei der Sache. Und ich spielte und spielte und spielte und schwitzte und schwitzte und schwitzte. Und man sah es, aber ich musste mich nicht schämen. Auch beim Ärztekollegium begann es zu tropfen und zu kleben. Ich konnte mir wenigstens ab und zu mit meinem Frottee-Tröchner übers nasse Gesicht wischen und weiterkämpfen. Die Ärzte hatten keine Handtücher dabei. Also nahmen sie ihre Taschentücher, die nach zehn Minuten natürlich gleich nass waren wie ihre Gesichter. Jetzt brachte die Wischerei nichts mehr, also liess man es einfach tropfen und kleben. Ich quälte derweil meine Nummern durch die feuchte Hitze des dichten Dschungels. Ein Kraftakt. Noch zwei Nummern, noch eine, fertig! Das war die Ärzteschaft jetzt auch. Ihre Kraft hat nur noch knapp für einen halbherzigen Schlussapplaus gereicht. Da standen sie nun in ihren pastellfarbenen, durchgeschwitzten Hemden aus dem Globus. Mit klitschnassen Taschentüchern in den Säcken ihrer modischen Chinos. Ihre Deos waren schon lange verduftet. Wenn man die Augen schloss, wähnte man sich nicht mehr im Regenwald eines Tropenhauses, sondern in der Turnhallengarderobe eines Knabeninternats. Anstand und ärztliche Schweigepflicht verbieten es mir, an dieser Stelle noch weiter ins Detail zu gehen.

Wenigstens war es vorbei, da waren sich alle einig. Dann plötzlich, mitten in dieser triefenden Endzeitstimmung hatte ich einen Kurzschluss im Kopf. Vielleicht ja wegen der hohen Feuchtigkeit. Ich beschloss spontan, noch zwei Zugaben zu bringen. Kein Mensch hatte darum gebeten oder gar »Zugabe! Zugabe!« skandiert. Alle wollten nur noch eins, möglichst schnell an die frische Luft. Das konnten sie jetzt nicht, denn es ging nochmals gut zehn Minuten.

Meine Zugabe war für alle vor allem eins, eine Zumutung. Wie ich später erfahren habe, verdanke ich es nur dem vehementen Veto von Dr. Winterhalter, dass mich die Ärzte damals nicht gelyncht und am Bananenbaum aufgehängt haben.

Kein Nachwort

Die letzte Geschichte ist zu Ende. Der letzte Satz geschrieben. Der letzte Punkt gesetzt. – Ich bin mehr als zufrieden. Ich bin glücklich. Und ja, sogar ein bisschen stolz auf unser kleines Meisterwerk. Hardy und ich haben eine gute Auswahl getroffen, ein paar richtige Entscheidungen gefällt und ein paar schlechte Geschichten gekillt. Jetzt liegt es also da, das Buch, fertig ausgedacht und hübsch abgesetzt. Ein schöner Moment. Alles ist gesagt, alles gemacht. Ende. – Dachte ich zumindest.

Dann rief mich Hardy an: Andrea, die Lektorin, habe der Verlegerin, also Gabriella, gesagt, dass ein Nachwort unser Buch perfekt abrunden würde. Sie verstehe nicht, habe Gabriella darauf zu Andrea gesagt, dass ihr das nicht selber eingefallen sei. Das hat mir, wie gesagt, Hardy gesagt. »Ein Nachwort, prima Idee! Und weiss man bereits, wers schreibt?«, habe ich dann gefragt. Er hat gelacht und gesagt: »Ja klar weiss man das, du natürlich, da sind wir drei uns einig!« Vielen Dank, dachte ich, drei gegen einen, genau das brauche ich! Augenblicklich fand ich die Idee nicht mehr ganz so prima. Und ein Thema fand ich auch partout nicht. »Schreib doch etwas sehr Persönliches über den Prozess der Entstehung und die Phasen der Entwicklung des Buches!«, sagte Hardy. Ich wartete. »Oder bedank dich bei ein paar Leuten! Dankbarkeit kommt bei den Lesern und vor allem bei den Leserinnen immer sehr gut an.« Was für brillante Ideen! Echt jetzt? Wie es zum Buch kam, kann man im Vorwort ja bereits nachlesen. Soll ich das jetzt hier aufwärmen? Kasch vergässa! Dann doch noch eher die Idee mit dem Dankesagen.

Na klar, Hardy hatte im Nachwort ein Dankeschön verdient! Das war mir sowieso ein Anliegen. Aber er war alles andere als begeistert:»Sag, Rolf, spinnst du jetzt eigentlich komplett? Oder hast du den Verstand verloren? Wir sind beste Freunde! Ich bin doch kein Angestellter oder ein Kellner, bei dem man sich für irgendwas bedankt! Ich glaubs grad nicht!« Ups. Ja, er war echt etwas sauer. Damit war meine Lobeshymne an ihn verstummt, bevor sie begonnen hatte. Kurz habe ich dann noch überlegt, ob ich einfach allen Menschen, denen ich je begegnet bin, danken soll. Oder meinem Publikum, also allen, die je bei mir in einer Vorstellung sassen. Aber in meinem Alter und bei der Länge meiner Bühnenkarriere wären das halt schon viel zu viele gewesen.

Ach, ich suche doch wieder viel zu weit, dachte ich dann. Ich könnte ja einfach meiner Frau danken. Wäre ja naheliegend. Morgen sind wir auf den Tag genau achtunddreissig Jahre verheiratet. Und vorher war sie sieben Jahre lang meine Freundin. Rechne! Aber für diese ganze Zeit dann bloss ein paar Zeilen Dank in einem Nachwort? Lächerlich! Das reicht doch nie und nimmer! Um ihr für alles zu danken, was sie je für mich getan hat, und ihr zu sagen, was sie mir immer noch bedeutet, müsste ich noch zig Seiten Platz haben und vor allem zig Tage Zeit. Ein ganzes Buch gäbe das!

Vielleicht sollte ich weniger in die Tiefe denken. Und stattdessen oberflächlich, aber medienwirksam ein paar Promis danken. So im Stil:»Lieber Elton John, danke für diesen unvergesslichen Abend auf dem Sofa im ›Swinging London‹ der Achtziger. Was hätte alles aus uns werden können! Tief in meinem Herzen wirst du für mich immer so viel mehr sein als bloss eine flüchtige Randnotiz in meinen Memoiren.« – Nein, das kauft mir doch kein Mensch ab!

Eine glaubwürdigere Option wäre natürlich, meiner Gotte Margrit Sprecher ausführlich zu danken. Die »Grande Dame der Schweizer Reportage« hat fast ein Dutzend Bücher publiziert und wohl an die achthundert Reportagen geschrieben. Und sie hat uns, also Hardy und mich, schon mehr als einmal bei sich zu Hause hervorragend bekocht. Sie war es auch, die den Entwurf zu diesem Buch als Allererste lesen durfte. Ihre Freude hat uns motiviert, es fertig zu schreiben und beim Wörterseh-Verlag anzuklopfen. Aber ob Margrit in diesem Nachwort erwähnt werden möchte? Ich habe ehrlich gesagt keine Ahnung. Natürlich hätte sie es mehr als verdient. Ach, das ist doch wirklich alles viel zu kompliziert mit diesem Nachwort!

Schliesslich habe ich beschlossen, kein Nachwort abzuliefern. Einfach nicht! Nicht zuletzt, weil ich gar keine Zeit mehr hatte. Morgen oder übermorgen würde ich mit Dodi in die Ferien fahren, und der Camper-Bus war noch nicht parat. Ganz und gar nicht. Aber Hardy liess bis zum Schluss nicht locker: »Und, Rolf, hast du jetzt endlich dein Nachwort? Wir warten alle schon!« – »Nein, Hardy, ich habe noch nichts und mache auch nichts. – Und ganz unter uns, das macht auch nichts: Ein Nachwort in einem Buch, wen interessierts? Wenn keins drin ist, vermisst es auch niemand!«, sagte ich. Darauf sagte er nichts mehr. Das Thema war vom Tisch.

So, das war sie jetzt also, meine letzte Geschichte in diesem Buch: die Geschichte, warum ich kein Nachwort geschrieben habe. Zugegeben, sie ist etwas zu ausführlich geraten und viel zu lang, vor allem angesichts der Tatsache, dass ich das Ganze ja auch in einem einzigen Satz hätte zusammenfassen können: I mag eifach nid!

Rolf Schmid, in der Sommerhitze des 28. Juni 2023

Mein Fotoalbum

Beim Lesen entstehen Bilder im Kopf. Beim Fotografieren entstehen Bilder auf Papier. Und diese, so heisst es zumindest, sagen mehr als tausend Worte. Das ist natürlich Mumpitz! Eine sinnvolle Ergänzung zu meinen biografischen Geschichten können ein paar Fotos aber schon sein. Ich habe drum einen ganzen Stapel Alben durchforstet und ein gutes Dutzend Bilder herausgepickt. Einige sind so unscharf wie ein Traum und so verblasst wie die Erinnerungen selbst. Andere – zum Beispiel aus meiner Internatszeit – sind so schonungslos und messerscharf, dass vergessen geglaubte Gefühle wieder in mir hochkommen. Das nennt man Trauma. – Wie auch immer, wenn Sie das Lesevergnügen noch etwas in die Länge ziehen möchten und ausserdem gwundrig sind, wie ich im Schatten des Säntis und unter der Sonne der Sahara aussah, sind Sie hier genau an der richtigen Adresse:

rolfschmid.ch/fotos

Unsere Bücher finden Sie überall dort,
wo es gute Bücher gibt, und unter
www.woerterseh.ch

Eine Auswahl unserer Bestseller

ISBN: 978-3-03763-143-0

ISBN: 978-3-03763-139-3

ISBN: 978-3-03763-325-0

ISBN: 978-3-03763-327-4

ISBN: 978-3-03763-130-0

ISBN: 978-3-03763-145-4